BERNER OBERLAND

Eugen E. Hüsler

Mit Tourenkarten zum Heraustrennen

BRUCKMANN

Impressum

DER AUTOR
Eugen E. Hüsler, geb 1944 in Zürich, veröffentlicht Reiseführer über Alpenländer, Wander- und Klettersteigführer sowie Bildbände. Inzwischen sind es über 50 Titel! Seit mehr als 25 Jahren ist er unterwegs, vor allem wandernd. Eugen E. Hüsler lebt seit 1983 in Bayern. Bei Bruckmann erschienen zahlreiche seiner Bücher.

Ein kostenloses Gesamtverzeichnis erhalten Sie beim
Bruckmann Verlag
D-81664 München
www.bruckmann.de

Lektorat: Kerstin Müller
Layout und Satz: Der Buch*macher*, Arthur Lenner, München
Kartografie: Anneli Nau, München
Herstellung: Thomas Fischer

Alle Angaben dieses Werkes wurden vom Autor sorgfältig recherchiert und auf den aktuellen Stand gebracht sowie vom Verlag geprüft. Für die Richtigkeit der Angaben kann jedoch keine Haftung übernommen werden. Für Hinweise und Anregungen sind wir jederzeit dankbar. Bitte richten Sie diese an:
Bruckmann Verlag
Produktmanagement
Innsbrucker Ring 15
D-81673 München
e-mail: lektorat@bruckmann.de

Bildnachweis: Motiv der Umschlagvorderseite: Ansicht Jungfrau von der Mettlaalp
Alle Fotos auf dem Umschlag und im Innenteil von Eugen E. Hüsler.

Die Deutsche Bibliothek – CIP Einheitsaufnahme
Ein Titeldatensatz für diese Publikation ist bei der Deutschen Bibliothek erhältlich.

Printed in Italy byPrinter Trento S.r.l.
ISBN 3-7654-3839-1

PIKTOGRAMME ERLEICHTERN DEN ÜBERBLICK:

Schwierigkeitsgrad:
- leicht
- mittel
- anspruchsvoll

- Weglänge
- Gehzeit
- Höhenunterschied
- kindgerecht

ZEICHENERKLÄRUNG ZU DEN TOURENKARTEN

A4 9	Autobahn
40	Hauptstraße
	Landstraße
	Nebenstraße/Ortsstraße
	Fahrwege
	Forstweg
	Fußpfad
	Bahnlinie mit Bahnhof
A E	Tourenführung mit Anfangs- und Endpunkt
	Tourenvariante
Bern	Sehenswerter Ort/Stadt
	Gipfel
	Pass
	Quelle - Wasserfall
P	Parkmöglichkeit
	Bushaltestelle
	Bahnhof
E A	Anfangs-/Endpunkt
	Richtungspfeil
10	Touren Nr.
	Seilbahn
	Gondelbahn
	Fernwanderweg

	Aussicht
	Einkehr/Hütte
	Kirche/Kloster
	Turm
	Museum
	Therme
	Denkmal
	Schloß/Burg/Ruine
	Höhle/Grotte
	prähistorische Fundstelle
	Strand
	Camping
	Rastplatz
	Information
	Bildstock
	Markanter Baum
	Landschaftlicher Höhepunkt/ Sehenswert
	Mühle
	Flughafen
	Tunnel
	Randhinweispfeil
N 0 1 km	Maßstableiste (1 : 100.000)

INHALT

Das Berner Oberland: Seen, Firn und Fels

Vor der Reise ins Berner Oberland sollte – so meine ich – ein Zwischenhalt in der Bundeshauptstadt **Bern** stehen. Da steigt man dann über ein paar hundert Steinstufen auf den Turm des gotischen Münsters. Das ist nicht bloß ein kleines Training für die anstehenden Wandertage; von der Höhe bietet sich ein erster herrlicher Blick auf das berühmteste Gipfeltrio der Alpen: Eiger, Mönch und Jungfrau. Es ist ein Blick von Weltkultur- zu Weltnaturerbe, von der Berner Altstadt in die Jungfrau-Region. Auch ein Blick zurück lohnt, denn was droben ums Jungfraujoch – Top of Europe! – in Form von Eiskristallen vom Himmel fällt, kommt sehr viel später als Aarewasser am Fuß des Münsters vorbei. Zwischen dem Gipfel der Jungfrau und dem Sandsteinturm des Münsters liegt dann all das, was das Berner Oberland zu einer der schönsten (Ferien-)Regionen der Alpen macht: freundliche Voralpenseen (Thuner, Brienzer), schmucke Dörfer, Täler und Aussichtsberge, manche mit Bahnanschluss; da sömmert das liebe Vieh im Schatten mächtiger Gipfel, gleißen die zerklüfteten Eiskatarakte der Gletscher, geben die gelben Hinweisschilder die Richtung zu hundert Zielen an: wanderbares Oberland.

Das Schloss von Oberhofen am Thuner See war usprünglich eine Wasserburg.

Rousseau, Haller und die Folgen

Wer der Geschichte des Alpentourismus nachspürt, kommt am Berner Oberland nicht vorbei. Hier nahm der Schweizer Fremdenverkehr seinen Anfang, und er hatte drei berühmte Väter: den Berner Universalgelehrten Albrecht von Haller (1708–1777), Verfasser des epischen Gedichtes »Die Alpen«, Jean Jacques Rousseau (1712–1772), den »ersten Grünen«, und Johann Wolfgang von Goethe (1749–1832), der seine Oberländer Reise von 1779/80 literarisch verarbeitete. Sie entfachten jene –neue! – Naturschwärmerei, die bei der Hautevolée Europas bald eine Reisewelle auslösen sollte: auf in die Berge!

Die schlauen Stadtberner taten das Ihrige, um den Stein ins Rollen zu bringen – und gleichzeitig das Oberland nach den napoleonischen Wirren wieder stärker an sich zu binden. In den Jahren 1805 und 1809 inszenierten sie jeweils ein riesiges Spektakel, die *Unspunnenspiele* bei Interlaken: heile Bauernwelt vor einer grandiosen Gebirgskulisse mit Jodlern, Fahnenschwingen und Steinstoßen, mit Trachtlerinnen und Älplern – ein Open-Air vor immerhin zwei Jahrhunderten! Eine Uferstraße am Thuner See gab es damals noch nicht; also kamen die Gäste übers Wasser, einige – wie etwa die Rothschilds – mit dem eigenen Schiff. So wurde aus Steinen, dem armen »Land der Bauern und Hirten«, die Schweiz der Berge, der Naturwunder. Bereits 1832 konnte man im Berghotel auf dem Faulhorn (2681 m) übernachten, und ein paar Jahre später erschien in London das erste »Handbook for Travellers in Switzerland«. Das war ein Gebot der Stunde, stellten doch reisefreudige und gut betuchte englische Gentlemen das Gros der Alpenreisenden. Und sie beschränkten sich bald nicht mehr darauf, die Drei- und Viertausender zu bestaunen: sie wollten hinauf!

Berühmte Jungfrau-Aussicht hoch über Interlaken: Harder Kulm.

Der Run auf die Gipfel begann, und bald entstand neben der Holzschnitzerei im 19. Jahrhundert ein weiterer touristischer Berufszweig: Bergführer. Einheimische, oft Jäger, die sich im Hochgebirge auskannten, führten die Besucher auf die Gipfel. Legendäre Namen aus dieser goldenen Zeit des Alpinismus sind etwa die Gebrüder Lauener aus Lauterbrunnen oder Christian Almer, »Old Christian« genannt, und Melchior Anderegg.

Nord und Fernost

Ein knappes Jahrhundert später ging es nicht mehr darum, bloß einen Gipfel zu bezwingen, sondern um den »Weg« dahin. Zum alpinen Medienereignis geriet die Nordwand des Eigers (3970 m), weil sie Opfer forderte, ehe sie sich ergab. Dass gerade 1938 einer deutsch-österreichischen Seilschaft die Erstdurchsteigung glückte, sorgte angesichts der politischen Lage in Europa für

zusätzliche Schlagzeilen. Da war die Super-Direttissima einer japanischen Seilschaft in den sechziger Jahren dann höchstens noch im fernen Land der aufgehenden Sonne eine echte Sensation. Immerhin bescherte sie Grindelwald bis heute einen nicht abreißenden Strom von Gästen aus diesem Teil der Welt.

Zahlen und Daten

Wichtig beim Wandern: der richtige Schuh!

Der Kanton **Bern** – nach Graubünden mit einer Fläche von rund 6000 Quadratkilometern der zweitgrößte Kanton der Schweiz – hat Anteil an allen drei großen Regionen des Landes: Jura, Mittelland und Alpen. Das **Oberland** liegt zur Gänze innerhalb der Alpen, und die zeigen sich hier von ihrer monumentalsten Seite. Der Gipfel der Jungfrau ist gerade zwanzig Kilometer von Interlaken entfernt, bei einem Höhenunterschied von 3500 Meter – einsamer Rekord!

Die höchste Erhebung der Berner Alpen ist das Finsteraarhorn (4274 m), gefolgt von Jungfrau (4158 m), Mönch (4107 m) und Schreckhorn (4078 m). Obwohl die Klimaveränderung der letzten Jahrzehnte auch hier zu einem starken Eisschwund geführt hat, weisen die Berner Hochalpen noch eine beachtliche Vergletscherung auf.

Entwässert werden die Berner Alpen zur Aare, die an der Grimsel entspringt; ihre wichtigsten Zuflüsse sind Saane, Simme, Kander und Lütschine. Von der Aare durchflossen werden auch die beiden größten Seen des Oberlands, der Brienzer (29 Quadratkilometer) und der Thuner See (48 Quadratkilometer). Da kann man dann auch mal die Wanderschuhe ausziehen und ein entspannendes Bad nehmen, mit Blick auf eiskalte Firngrate notabene.

Kontraste. Sie prägen das Bild dieser Bilderbuch-Schweiz: während die braunen Granitfluchten an der Grimsel fast schon ein Hauch skandinavischer Kälte umweht, prunkt das Simmental mit seinen sattgrünen Almen, aus denen da und dort bleich-schroffer Kalk aufragt – Enge hier, Weite dort. Fast übermächtig erscheinen einem die Berge aus dem Graben des Lauterbrunnentals, wogegen

sie im Panorama des Brienzer Rothorns nur mehr schöne Kulisse am Horizont sind. Da schaut man dann auch schon hinaus ins hügelige Mittelland, weit über den Rand der Alpen.

Wenn der Föhn bläst

Das geht am besten, wenn der Föhn pfeift, dass am Thuner und Brienzer See Sturmwarnung gegeben wird und die Hoteliers in Interlaken ihre Terrassentische abräumen. Denn der trockene Fallwind – ein recht häufiger Gast im Oberland – sorgt für glasklare Fernsicht. Er lässt zudem die Temperaturen sprungartig ansteigen und putzt im Frühsommer alle Schneereste weg. Wetterfühlige mögen ihn weniger – zu seinen »Nebenwirkungen« gehören Kopfschmerzen, Reizbarkeit und insgesamt eine etwas schiefe Stimmungslage. Wanderer freuen sich an der tollen Fernsicht und – vor allem spät im Herbst – angenehmen Temperaturen. Wenn sich die Lärchen allmählich verfärben, das Laub unter den Schritten raschelt, ist das Gros der Touristen längst abgezogen – Wunder-Wanderzeit, auch im Berner Oberland!

Die Schweiz: ein Fahnenmeer.

Tipp

Reise Top-Ten

1. **Jungfraujoch:** Durch den Berg zum höchsten Bahnhof in den Alpen (3454 m) – Top of Europe (→ Seite 14)
2. **Susten–Grimsel:** Das schönste Kurvenkarussel über die drei Straßenpässe Susten (2224 m), Grimsel (2165 m) und Furka (2431 m) → Tour 5.
3. **Grindelwald:** Das weltberühmte »Gletscherdorf« unter der Eiger-Nordwand → Touren 12 bis 17.
4. **Brienzer Rothorn:** Zu Fuß oder mit der einzigen Dampfzahnradbahn der Alpen zum berühmten Aussichtspunkt → Tour 9.
5. **Trümmelbachfälle:** Stiebende Kaskaden im Berginnern – ein feuchtes Spektakel → Tipp bei Tour 17.
6. **Oeschinensee:** Der schönste Bergsee des Oberlandes, felsumrahmt und von Firngipfeln überragt → Tour 23.
7. **Mürren–Schilthorn:** Die schönste Ortslage vor Eiger, Mönch und Jungfrau mit Bahnverbindung zum James-Bond-Gipfel »Piz Gloria« → Tour 18.
8. **Ballenberg:** Bäuerliche Vergangenheit der Schweiz an architektonischen Beispielen, mit viel Action drum herum – ideal für Familien → Seite 12.
9. **Aareschlucht:** Tosende Wasser, senkrechte Felsen – die eindrucksvollste Schlucht des Oberlands, im Sommer ab und zu mit Abendbeleuchtung → Tour 2.
10. **Thuner See:** An seinen Ufern wächst der Wein, über ihnen ragen die Wanderberge in den Himmel, sein Wasser lädt zum vergnüglichen Plausch – mit dem Schiff(chen) oder gleich schwimmend.

Die Orte und ihre Sehenswürdigkeiten

Bönigen (568 m), in der Nachbarschaft Interlakens am unteren Ende des Brienzer Sees gelegen, zeichnet sich im Kern durch sein geschlossenes Ortsbild mit zahlreichen gut erhaltenen Oberländer Blockbauten des 16.–19. Jahrhunderts aus.
Tipp: Bruno Hunziker im Hotel-Restaurant »Walida« schwingt den Kochlöffel virtuos und zaubert auch öfters Ungewöhnliches auf den Tisch – immer in Bergsteiger-Portionen. Seine Frau Ulrike ist nicht nur für den Service, sondern auch für die fabelhaften Süßspeisen zuständig. CH-3806 Bönigen; Tel. +41(0)33/822 62 55, Fax 823 39 55.

Brienz (566 m) ist mit 3000 Einwohnern der größte Ort am Brienzer See und seit dem 19. Jahrhundert ein beliebtes Ferienziel. »Wood Carvings« werden hier überall angeboten. Der Flecken ist berühmt für seine Holzschnitzerei – sogar die Talstation der Brienzer-Rothorn-Bahn ist im traditionellen Holzbaustil gehalten. In mehreren Werkstätten kann man Schnitzlern bei der Arbeit zuschauen, etwa im Living Museum Jobin (geöffnet täglich 8–11.30, 14–17 Uhr).
Altes Handwerk wird auch im *Freilichtmuseum Ballenberg* bei Brienz gepflegt, u. a. Backen, Käsen, Korbflechten, Weben. Auf dem weiträumigen Gelände zwischen Hofstetten und Brienzwiler stehen gegen hundert, hier wieder aufgebaute Häuser aus allen Landesteilen. In der bäuerlichen Umgebung aus vergangenen Tagen leben über 250 Tiere. Geöffnet ist das Freilichtmuseum Mitte April bis Ende Oktober 10–17 Uhr. Brienzer Rothorn → *Tour 9*.

Erlenbach (707 m) ist der alte Hauptort des unteren Simmentals; hier werden traditionell die großen Viehmärkte abgehalten. Bei einem Gang durch den Flecken entdeckt man neben den typischen Simmentaler Holzhäusern auch den im Berner Mittelland verbreiteten Haustypus mit Giebelründe (Bogen). Viel interessantes zur Talgeschichte, Landwirtschaft und altem Handwerk zeigt das Talmuseum im Agensteinhaus (geöffnet April bis Oktober Mittwoch, Samstag und Sonntag 14–17 Uhr).
Kunstliebhaber werden auf keinen Fall einen Besuch der Kirche versäumen, deren Inneres vollständig ausgemalt ist. Die Fresken,

teilweise von einem namentlich nicht bekannten »Meister von Erlenbach« stammend, werden ins 15. Jahrhundert datiert.

Grindelwald (1034 m), in einem weiten, grünen Talkessel vor den Nordwänden von Wetterhorn und Eiger (3970 m) gelegen, ist der wohl berühmteste Ferienort in den Berner Alpen. Seine Entwicklung vom Bauerndorf zu einem der Brennpunkte des Schweizer Tourismus (über eine Million Logiernächte jährlich) zeigt das *Heimatmuseum* im Talhaus neben der Kirche (geöffnet Juni bis September Dienstag, Donnerstag und Samstag 15–18 Uhr, Sonntag 10.30–12, 15–18 Uhr). Grindelwaldgletscher → Tipps bei *Touren 14 und 15.*

Über der Altstadt von Thun thront das mächtige Schloss aus dem 12. Jahrhundert.

Interlaken (567 m), die Drehscheibe des Oberländer Tourismus, liegt nicht nur »zwischen den Seen« (= inter lacus), sondern zwischen Seen und Bergen. Berühmt ist der Blick durch das Lütschinental auf die weiße Berggestalt der Jungfrau (4158 m); dass man den noch heute ungehindert genießen kann, ist den Hoteliers der Gründerzeit zu verdanken, die im Jahr 1864 das Areal der *Höhematte* kauften, um es vor Überbauung zu schützen. Ansonsten wurde auf dem Bödeli, wie das Schwemmland zwischen Brienzer und Thuner See heißt, fleißig gebaut, die »höchste« Bausünde erhebt sich gleich neben dem ersten Haus am Platz, dem Luxuspalast des »Victoria-Jungfrau«. Dass man auf der Terrasse des Metropole-Turms mit Aussicht auf die noch viel höheren Eisgipfel (teuer!) speisen kann, ist eher ein kleiner Trost. Da besucht man lieber das *Touristikmuseum* in Unterseen, das interessante Einblicke in die Geschichte des Tourismus erlaubt (geöffnet Mai bis Mitte Oktober Dienstag bis Sonntag 14–17 Uhr). Eine Attraktion der besonderen Art bildet der *Mystery Park* draußen vor dem Ort, wo Kindern und jung Gebliebenen die großen Rätsel dieser Welt präsentiert werden – was für ein Kontrast zu den Landschaftswundern rundum!

Jungfraujoch (3454 m): Top of Europe! Eine Fahrt mit der höchsten Zahnradbahn der Alpen hinauf in die Region des ewigen Schnees gehört zum Standardprogramm fast aller Schweiz-Reisen – vor allem für Gäste aus den USA oder aus Japan. Übrigens: Die gesamte Jungfrau-Region um die hohen Gipfel und den Aletschgletscher ist seit kurzem UNESCO-Weltnaturerbe.

Wappentier der Berner ist der (stets hungrige) Bär.

Kiental. Fast noch ein Geheimtipp auf der Tourismuskarte des Oberlandes ist das Seitental der Kander, das den Besucher mit viel Grün empfängt (zahlreiche schöne Bauernhäuser), sich beim Flecken Kiental (945 m) allmählich verengt und schließlich hinter der Griesalp (1408 m; Straßenende) zu einer grandiosen Hochalpenlandschaft wird, überragt von der mehrgipfligen Blüemlisalp (3661 m).

Tipp: Ein Klassiker unter den vielen Wandermöglichkeiten ist der »Höhenweg Lötschberg-Nordrampe«, der vom Ramslauenen-Sessellift (1409 m) ins Kandertal und nach Kandersteg führt (Dauer etwa 6 Std.).

Lauterbrunnen (795 m) ist die Talgemeinde des Lauterbrunnentals mit »lauter Brunnen« (Wasserfällen) rundum – insgesamt 72 sollen es sein – und den beiden berühmten Ferienorten → Mürren und Wengen auf den Hangterrassen darüber. Viel Interessantes zu Geschichte, Handwerk (Klöppeln) und Tourismus präsentiert das Talmuseum (geöffnet Juni bis Oktober Dienstag, Donnerstag, Samstag und Sonntag 14–17.30 Uhr).

Meiringen (585 m) ist garantiert der »süßeste« Ort des ganzen Oberlands. Glaubhaften Quellen zufolge kreierte hier um 1600 ein

Konditor namens Gasparini die luftigen Eiweißschalen, ein herrlich schmeckendes Dessert, das unter dem Namen Meringue (auch: Baiser, Kiss) bald seinen Siegeszug um die halbe Welt antrat.
Der Hauptort des Haslitals ist natürlich viel älter; bei Grabungen unter der barocken Dorfkirche wurden Reste von Vorgängerbauten entdeckt, die bis ins 10. Jahrhundert zurückreichen. Dass man in dem Städtchen nur wenig historische Bausubstanz entdeckt, hat einen »windigen« Grund: der Föhn, der hier oft mächtig bläst und 1879 bzw. 1891 für zwei verheerende Dorfbrände verantwortlich war (Museum der Landschaft Hasli, geöffnet Anfang Juni bis 20. Oktober täglich 14–17 Uhr).
Tipp: Ein Besuch im Sherlock-Holmes-Museum. Da erfahren Krimi-Fans viel Interessantes über den berühmten Detektiv und seinen Schöpfer (geöffnet Mai bis September Dienstag bis Sonntag 13.30–18 Uhr, Oktober Mittwoch und Sonntag 16.30–18.30 Uhr). Reichenbachfall und Aareschlucht → *Tour 2.*

Mürren (1638 m), ein traditionsreicher und autofreier Ferienort, liegt auf einer Hangterrasse hoch über dem Lauterbrunnental vor der unvergleichlichen Kulisse von Eiger, Mönch und Jungfrau. Hier wurde – vorab von britischen Gästen – Sportgeschichte geschrieben: 1910 startete Spelterini zur ersten Alpenüberquerung im Ballon, 1922 flaggte Sir Arnold Lunn das erste Slalomrennen des alpinen Skilaufs aus, acht Jahre später wurde erstmals das mittlerweile legendäre Inferno-Rennen (Skiabfahrt Schilthorn – Lauterbrunnen) ausgetragen. Mürren besaß den ersten Skilift des Landes, und 1931 organisierte der britische Skiverband die ersten Alpinen Weltmeisterschaften in Slalom und Abfahrt. Wer mehr dazu erfahren möchte, besucht das *Schweizer Sport- und Ballonmuseum* (geöffnet während der Saison täglich 16–18 Uhr, donnerstags bis 20 Uhr). Schilthorn → Tipp siehe *Tour 18.*

Saanen (1021 m) ist der historische Hauptort der südwestlichsten Talschaft des Oberlandes. Das Saanenland gehörte bis ins ausgehende Mittelalter den Greyerzer Grafen, kam nach deren Bankrott an den Kanton Bern. Sehenswert ist die spätgotische Kirche mit ihrem aus romanischer Zeit stammenden Turm und bedeutenden Wandmalereien aus der Erbauungszeit. Bei einem Rundgang durchs Dorf fallen zahlreiche schöne Häuser aus dem

16.–19. Jahrhundert auf. In einem historischen Gebäude, das kurz nach dem großen Dorfbrand von 1575 errichtet wurde, ist das *Museum der Landschaft Saanen* untergebracht (geöffnet Mitte Juni bis Mitte Oktober Dienstag bis Sonntag 14–17 Uhr).

Wahrzeichen von Spiez ist sein mächtiges Schloss.

Spiez (628 m), rund 7000 Einwohner zählend, liegt am Südufer des Thuner Sees. Sein Wahrzeichen ist der aus Schloss und Kirche bestehende malerische Gebäudekomplex, der sich inmitten eines Weinberges über der Bucht erhebt. Das Gotteshaus gehört zu den so genannten »Thunerseekirchen« (siehe bei Thun Seite 17), die Burg ist jetzt zum *Wohnmuseum* umgestaltet (geöffnet Karfreitag bis 20. Oktober Montag 14–17 Uhr, Dienstag bis Sonntag 10–17 Uhr, im Hochsommer jeweils bis 18 Uhr), weiter angegliedert ist das *Heimat- und Rebbaumuseum* (geöffnet Mai bis Oktober Mittwoch, Samstag und Sonntag 10–17 Uhr).

Sustenpass (2224 m). Die 1939–1946 von Kriegsinternierten erbaute Alpenstraße verbindet das Oberhasli mit dem Reusstal; sie ist Teil der berühmten »Drei-Pässe-Route« Furka – Grimsel – Susten (126 km). Der schönste Streckenabschnitt führt auf der Berner Seite von Gadmen über Steingletscher hinauf zum 325 Meter langen Scheiteltunnel.
Tipp: Allerlei Interessantes über die Alpengletscher, über die Pflanzen- und Tierwelt in ihrem Umfeld, über Geschichte und Gegenwart dieser Wasserspeicher vermittelt der **Gletscherpfad**. Ein Informationsblatt zum Themenweg mit seinen 15 Stationen bekommt man im Hotel Steingletscher.

Thun (560 m), am unteren Ende seines Sees gelegen, gilt als das »Tor zum Oberland«. Überragt wird der kleine historische Kern

Tipp

Günstige Standorte für einen Wanderurlaub im Oberland sind die Ortschaften am Südufer des Thuner Sees, von Spiez über Aeschi bis Därligen. Bestens untergebracht ist man im Hotel »Bellevue-Bären« in Krattigen (712 m); auf der großen Terrasse, mit freier Sicht über den See, schmecken das Frühstücksbuffet oder die Röschti gleich noch viel besser! Bellevue-Bären, CH-3704 Krattigen; Tel. +41(0)33/655 61 44, Fax 654 61 77. Komfortable Zimmer; das Hotel ist das ganze Jahr geöffnet.

der 40 000-Einwohner-Stadt von seinem mächtigen *Schloss* (12. Jh.) mit vier Rundtürmen (Museum; geöffnet April bis Juni und Oktober 10–17 Uhr, Juli/August 10–18 Uhr). Am Aareabfluss steht mitten in einem Park das Schloss Schadau, Mitte des 19. Jahrhunderts in romantischem Burgenstil erbaut (heute Restaurant). Viel älter ist das Gotteshaus von Scherzlingen, eine jener zwölf »Thunerseekirchen«, die nach ihrem Stifter, König Rudolf II. von Hochburgund (gest. 927), auch als »Burgunderkirchen« bezeichnet werden. Einen besonders gut erhaltenen Bau dieses Typus besitzt *Amsoldingen*, die Nachbargemeinde von Thun.
Tipp: Vor der Fahrt ins Berner Oberland das »Wocher-Panorama« im Schlosspark von Schadau besichtigen: Thun und das Alpenpanorama zu Beginn des 19. Jahrhunderts, vom Basler Marquard Wocher auf 39 x 7,5 Meter gemalt (geöffnet Mai bis Oktober Dienstag bis Sonntag 10–17 Uhr).

Zweisimmen (941 m), ein stattlicher Flecken mit etwas über 3000 Einwohnern, liegt am Zusammenfluss der Simme und der Kleinen Simme – nomen est omen. Die spätgotische Dorfkirche mit ihrem spitzen Turm bewahrt sehenswerte Kunst aus der Erbauungszeit, eine komplette Innenausmalung sowie Glasfenster im Chor (15./16. Jh.). Einen nostalgischen Blick in die »gute alte Zeit« gestattet das *Obersimmentaler Heimathuus* am Kirchstalden (geöffnet Mitte Mai bis Ende Oktober Mittwoch und Sonntag 10–12, 14–16.30 Uhr). Höhenwanderung Rinderberg – Betelberg → Tipp siehe *Tour 33*.

Sport und Abenteuer im Berner Oberland

Wer auf »Outdoor adventure« aus ist, kommt zwischen Sustenpass und dem Saanenland auf seine Kosten. Da sind natürlich erst einmal die verschiedenen Spielarten des modernen Alpinismus zu nennen: Klettern an bestens abgesicherten Routen

(»Swiss Plaisir«), Klettersteiggehen (→ »Hüslers Klettersteigführer Westalpen«, Bruckmann Verlag) und dann natürlich – angesichts der Drei- und Viertausender kein Wunder – Hochtourengehen. Wer möchte nicht einmal auf einem der großen Gipfel der Berner Hochalpen stehen, rundum Tiefe und ein Hochgefühl in der Brust?
Auf den großen Passrouten, aber auch auf vielen (gut ausgeschilderten) Bergsträßchen des Berner Oberlands sind im Sommer zahllose Hobby-Radler mit dünnen Reifen und dicken Stollen unterwegs. Die größeren Orte bieten allerlei Trendsportarten an wie Canyoning, Kanufahren, Paragliding usw. Wer einen besonderen Kick braucht, kann sich aus der Gondel der Schilthornbahn in die Tiefe stürzen.
Im Winter ist Skilauf Trumpf zwischen Grindelwald und Gstaad, immer populärer ist Schlitten fahren, und die meisten Orte räumen während der kalten Jahreszeit einige Winter-Wanderwege.

Währschaft und guet: die Berner Küche
Wenn es so etwas wie ein Schweizer Nationalgericht überhaupt gibt, dann ist es die *Röschti*. Und die kommt aus dem Bernbiet, allerdings wird sie in unseren kalorienbewussten Zeiten kaum mehr – wie es früher bei den Bauern üblich war – als zweites Frühstück gegessen. Aber als Beilage, etwa zu geschnetzelter Leber oder zu einem Kotelett, schmecken die geriebenen Kartoffeln, goldgelb und knusprig gebraten, einfach köstlich.
Entschieden etwas für den großen Hunger ist die *Berner Platte*, eine Schlachtplatte mit Würsten, Wädli (Eisbein), Rippli, Speck, Öhrli und Schwänzli, dazu Sauerkraut oder Bohnen und Kartoffeln. Da kann man dann hinterher durchaus einen Bätzi (Trester) oder Pflümli (Pflaumenschnaps) vertragen.
Vor allem rund um die beiden großen Seen von Thun und Brienz wird in den Restaurants auch fangfrischer Fisch angeboten: Forelle, Barsch (Egli), Felchen, gelegentlich auch Hecht oder – eine besondere Delikatesse! – Äsche. Dazu passt bestens ein trockener *Weißwein*, und auch den gibt es am Thuner See: an den klimatisch begünstigen Sonnenhängen über Oberhofen und Spiez wird im Herbst gekeltert, das Ergebnis kann sich durchaus sehen lassen.

Tipp

Rezept für Röschti
Eignet sich bestens als Beilage zu Bratwürsten oder Koteletts.

Zutaten (für 2 Personen):
500 g Kartoffeln (eher fest)
1 Zwiebel, gehackt
etwa 50 g Butter
Salz und Streuwürze

Zubereitung: Die rohen Kartoffeln schälen und grob raspeln, Zwiebel in einer großen, flachen Pfanne mit etwas Butter andünsten, dann die Kartoffeln dazu geben, restliche Butter darunter mischen, mit Salz und Streuwürze abschmecken. Das Ganze zum Fladen flach in die Pfanne drücken. Zudecken, etwa 10 Minuten bei mittlerer, weitere 30 Minuten bei schwacher Hitze braten. Die fertige Röschti in eine Schüssel stürzen.

Eher etwas für kühle Tage ist das *Fondue*, dessen »Erfindung« sowohl Westschweizer als auch Savoyards für sich reklamieren. Das ändert nichts daran, dass es auf fast jeder Speisekarte zwischen Grimsel und Gstaad steht. Da sitzt man gemütlich um das »caquelon«, einen Steinguttiegel, unter dem ein Feuerchen brennt, und tunkt mit langen Gabeln Brotbröckchen in den geschmolzenen Käse. En guete!

Recht nahrhaft ist auch die beliebteste Oberländer Nachspeise, die zudem meistens in stattlichen Portionen serviert wird: die *Meringue* aus dem Oberhasli (→ Meiringen). Wer nicht so auf Süßes steht, kann sich an der reichen Käsepalette bedienen; es muss ja nicht unbedingt ein Emmentaler sein.

Historisches Interlaken: das Areal des ehemaligen Augustinerklosters.

1 Hochstollen, 2481 m und Balmeregghorn

Aussichtswanderung zwischen Hasliberg und Melchsee: Käserstatt – Hochstollen – Melchsee – Balmeregghorn – Planplatten – Käserstatt

mittel

21 km

7 Std.

↑1600 m ↓1600 m

Tourencharakter: Recht anspruchsvolle Wanderrunde auf teilweise schmalen Wegen. Durchgehend markiert, am Hochstollen und am Höhenweg nach Planplatten steiles, abschüssiges Gelände. Hier ist ein sicherer Tritt wichtig. Die gesamte Route sollte unbedingt schneefrei sein; nicht bei Nässe gehen!
Beste Jahreszeit: Juli bis Mitte Oktober.
Ausgangs-/Endpunkt: Käserstatt (1831 m), Bergstation der von Hasliberg-Wasserwendi ausgehenden Gondelbahn.
Kleine Variante: Hochstollen (2481 m) mit Abstieg auf dem gleichen Weg, 3 1/4 Std.
Wanderkarten: Landeskarte der Schweiz 1:50 000, Blatt 255T »Sustenpass« mit Wanderwegeaufdruck; Landeskarte der Schweiz 1:25 000, Blatt 1210 »Innertkirchen«; Kümmerly+Frey 1:60 000 »Jungfrau-Region–Haslital«.
Markierung: Weiß-rot-weiß, gelbe Wegzeiger.
Verkehrsanbindung: Zu den Weilern des Haslibergs führt vom Brünigpass eine gut ausgebaute Straße; Postbus. Die Gondelbahn Käserstatt verkehrt von Mitte Juni bis Ende Oktober täglich von 8.30 bis 17.15 Uhr.
Einkehr/Unterkunft: Berghaus Käserstatt (1831 m), bei der Seilbahnstation; Hotel Posthuis, Melchsee-Frutt (1902 m); Panorama-Restaurant Planplatten (2225 m); Hääggen (1961 m).
Tourist-Info: Alpenregion Brienz–Meiringen–Hasliberg, Bahnhofstraße 22, CH-3860 Meiringen; Tel. +41(0)33/972 50 50, Fax 972 50 55, E-Mail info@alpenregion.ch, www.alpenregion.ch.

Aussichtswandern über dem Gental.

Zwischen dem Aareufer bei Meiringen und dem Gipfelkreuz des **Hochstollens** (2481 m) liegen fast zwei Kilometer Höhenunterschied mit der Mittelgebirgsterrasse des Haslibergs dazwischen. Letzterer ist gleichermaßen als Wander- und Skigebiet beliebt. Von hoher Warte zeigen sich nicht nur die Berner Eisriesen im schönsten Licht; der Blick geht auch weit hinaus ins Alpenvorland.

Der Wegverlauf

Bei den Alphütten von **Käserstatt** (1831 m), zwei Minuten von der Seilbahnstation, weist ein Wegzeiger links zum Hochstollen. Die weiß-rot-weißen Markierungen führen zunächst durch eine Mulde, dann – parallel zu einem Lift – über einen steilen Grasrücken bergan nach **Hohsträss** (2119 m). Nun fla-

1

cher auf deutlichem Weg gegen den Fulenberg und links hinüber zu der Scharte (2321 m) unter dem Hochstollen. Vorbei an bizarren Felstürmen wieder steiler ansteigend zum Gipfel des **Hochstollens** (2481 m; 2 Std.).

Der Abstieg führt am Nordwestgrat des Berges, teilweise über abschüssige Grashänge, hinunter nach Abgschütz (2263 m). Von dem abgerundeten Wiesenbuckel geht's im Zickzack hinunter zur weitläufigen Aaalp. Am seichten Blausee vorbei wandert man hinüber zum aufgestauten **Melchsee** (1891 m; 3:15 Std.). An seinem Südufer entlang führt ein schöner Pfad zur Talstation des Balmeregghorn-Sessellifts. Er befördert Ausflügler in ein paar Minuten hinauf zu der Aussichtskuppe über dem malerischen Gental. Zu Fuß braucht man etwas länger; der Weg durch das Tali ist zudem recht steil. Oben am **Balmeregghorn** (2255 m; 4:30 Std.) bietet sich ein Dreiviertelpanorama, das vom Titlis bis zum Wetterhorn reicht. Besonders schön ist der Blick über die Ausläufer der Gadmerflue hinweg auf den Triftgletscher und seinen Gipfelkranz (Hinter Tierberg, 3443 m). Aussicht en masse bietet auch die Fortsetzung der Runde, die als Höhenweg durch die steilen Südostabstürze des Rothorns (2526 m) hinüber läuft nach **Planplatten**. Aus der Scharte (2186 m; 5:30 Std.) vor der Liftstation führt ein guter Weg hinunter zur Mägisalp. Zuletzt wandert man via Hääggen (1961 m; 6:15 Std.) zurück nach Käserstatt (7 Std.).

2 Reichenbachfall und Aareschlucht

Wasserspiel und Wassers Werk: Meiringen – Willigen – Reichenbachfall – Geissholz – Wychel – Aareschlucht – Meiringen

leicht

11 km

3 1/2 Std.

↑400 m
↓400 m

ja

Tourencharakter: Abwechslungsreiche Runde im Talbereich, überwiegend gute Wege. In der Aareschlucht solider Steg mit durchlaufendem Geländer, dazu einige Tunnels.
Beste Jahreszeit: Pfingsten bis Mitte Oktober (Öffnungszeit der Aareschlucht); am schönsten im Frühsommer, zur Zeit der Schneeschmelze im Gebirge. *Tipp*: Die Schlucht erstrahlt im Juli und August jeweils Mittwoch und Freitag ab 21 Uhr in elektrischem Licht – zauberhaft!
Ausgangs-/Endpunkt: Meiringen (Bahnhof).
Kleine Variante: Von Willigen mit der Standseilbahn hinauf zum Reichenbachfall (843 m); Gesamtgehzeit dann etwa 2 1/2 Std.
Wanderkarten: Landeskarte der Schweiz 1:50 000, Blatt 255T »Sustenpass« mit Wanderwegeaufdruck; Landeskarte der Schweiz 1:25 000, Blatt 1210 »Innertkirchen«; Kümmerly+Frey 1:60 000 »Jungfrau-Region–Oberhasli«.
Markierung: Gelb und weiß-rot-weiß, gelbe Wegzeiger.
Verkehrsanbindung: Meiringen hat gute Bahnverbindungen mit Interlaken – Thun und Sarnen – Luzern. Die Standseilbahn zum Reichenbachfall verkehrt von Mitte Mai bis Anfang Oktober von 8.15 bis 17.45 Uhr.
Einkehr: Hotel Schwendi, Zwirgi (oberhalb des Reichenbachfalls), am Ein- und Ausgang der Aareschlucht.
Tourist-Info: Alpenregion Brienz–Meiringen–Hasliberg, Bahnhofstraße 22, CH-3860 Meiringen;
Tel +41(0)33/972 50 50, Fax 972 50 55,
E-Mail info@alpenregion.ch,
Internet www.alpenregion.ch.

Bei dieser kleinen Wanderrunde spielt das Wasser die Hauptrolle: Stiebend stürzt es an der Mündung des Reichenbachtals über eine 75 Meter hohe Felsstufe herab, und Wasser hat in unermüdlicher Arbeit auch den Felsriegel des Kirchet zersägt und das Naturwunder der Aareschlucht geschaffen. Ein kühn trassierter Steg erschließt seit 1888 (!) die fast anderthalb Kilometer lange, an der engsten Stelle gerade einen Meter breite Klamm; gut ein Jahrhundert hat auch die Reichenbach-Standseilbahn auf dem Buckel. Bei der Talstation erinnert ein Denkmal an den »größten Detektiv der Welt«, der am Reichenbachfall im Kampf mit Pro-

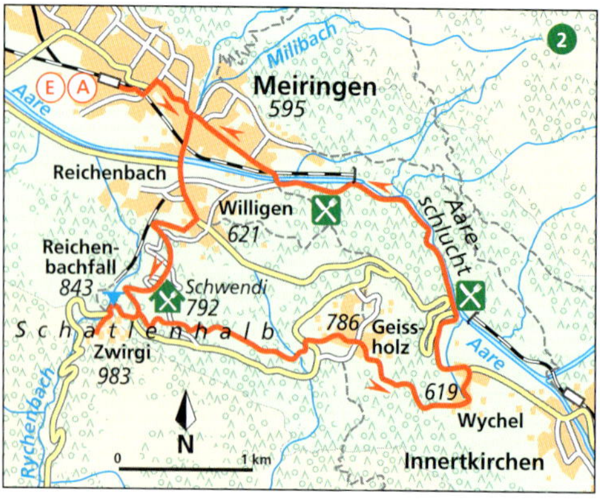

2

fessor Moriarty, seinem ewigen Widersacher, den Tod fand. Die Leser akzeptierten das Ableben Sherlock Holmes' nicht, und so musste Sir Arthur Conan Doyle seine berühmte Romanfigur wieder zum Leben erwecken. Übrigens: Für Krimifans natürlich ein absolutes Muss ist der Besuch im »Sherlock-Holmes-Museum« (Meiringen).

Der Wegverlauf

Eines der großen Oberländer Naturwunder: die Aareschlucht.

Vom Bahnhof **Meiringen** (595 m) spaziert man durchs Dorf und hinunter zur Aare. Über den Fluss und neben der Hauptstraße nach Willigen (621 m). Hier rechts (Tafel) und auf gelb markiertem Weg, die Schleifen eines Sträßchens abkürzend, hinauf nach **Schwendi** (792 m). Am Gasthaus vorbei führt der Weg schräg aufwärts zu jener Stelle, an der Holmes und sein Gegner im Kampf über eine Felswand in den Reichenbachfall stürzten (Tafel). Anschließend geht's im Wald weiter bergan nach **Zwirgi** (983 m; 1:30 Std.). Hier mündet der Zustieg von der Standseilbahn. Es empfiehlt sich, kurz bis zu der Aussichtskanzel vor dem Reichenbachfall abzusteigen (breiter Weg, 20 Min. hin und zurück).

Von Zwirgi wahlweise auf der Straße oder auf dem etwas tiefer verlaufenden Wanderweg bergab zum Weiler **Geissholz** (786 m) in schöner Lage auf einer aussichtsreichen Anhöhe und weiter über eine Geländestufe hinunter in den Talboden von Innertkirchen. Bei den Häusern von Wychel (619 m) wendet man sich links zur Hauptstraße, die zum Osteingang der **Aareschlucht** (Kasse) führt. Auf dem gesicherten Steg geht es durch die grandiose Klamm und zurück nach **Meiringen** (3:30 Std.).

3 Tierberglihütte, 2795 m

Insel über dem Eis: Steingletscher – Tierberglihütte

anspr.

12 km

5 Std.

↑930 m
↓930 m

Tourencharakter: Alpine Hüttentour, auf dem letzten Wegdrittel leichte Felsen, auf einigen kurzen Stellen mit Kettensicherung. Trittsicherheit und Bergerfahrung notwendig.
Beste Jahreszeit: Juli bis zum ersten Schnee im Herbst.
Ausgangs-/Endpunkt: Parkplatz beim Hotel Steingletscher (1865 m) an der Sustenpassstraße.
Kleine Variante: Auf einem Asphaltsträßchen (Gebühr beim Ticketautomat bezahlen) kann man vom Hotel Steingletscher bis ins Vorfeld des Steinlimigletschers (ca. 2095 m) fahren, 3 km. Dadurch verkürzt sich die Gesamtgehzeit auf etwa 3 1/4 Std. Gletscherpfad: → Tipp siehe Sustenpass (S. 16).
Wanderkarten: Landeskarte der Schweiz 1:50 000, Blatt 255T »Sustenpass« mit Wanderwegeaufdruck; Kümmerly+Frey 1:60 000 »Jungfrau-Region–Oberhasli«.
Markierung: Weiß-rot-weiß, ab Straßenende weiß-blau-weiß.
Hinweis: Die Schweizer Armee übt öfters am Steingletscher; in der Regel sind Zufahrt und Hüttenweg nicht beeinträchtigt. Anschlag über Schießzeiten und evtl. Sperrungen beim Hotel Steingletscher.
Verkehrsanbindung: Das Hotel Steingletscher liegt an der Westrampe der Sustenstraße, 22 km von Innertkirchen, 5,5 km von der Scheitelhöhe. Linienbus ab Meiringen/Innertkirchen.
Einkehr/Unterkunft: Hotel Steingletscher 1865 m) an der Sustenpassstraße. Tierberglihütte (2795 m), bewirtschaftet Juli bis September; Tel. 033/971 27 82.
Tourist-Info: Alpenregion Brienz–Meiringen–Hasliberg, Bahnhofstraße 22, CH-3860 Meiringen; Tel. +41(0)33/972 50 50, Fax 972 50 55, E-Mail info@alpenregion.ch, Internet www.alpenregion.ch.

Hochalpines Rifugium: die Tierberglihütte.

Gletscher leben, sie wachsen oder ziehen sich zurück, das Eis fließt (pro Tag um etwa zwei Zentimeter), es transportiert Geröll zu Tal, hobelt Felsen glatt, hinterlässt Moränen und gelegentlich auch Seen. Wie der **Steingletscher** am Sustenpass. Er hat das Becken eines seichten, milchiggrünen Gewässers ausgeschürft, den Steinsee (1934 m). Der ist vor allem Blickfang auf den Straßenschleifen hinauf zum Sustenpass, zusammen mit dem Steinlimi- und Steingletscher und ihrem eindrucksvollen Gipfelkranz mit Sustenhorn (3503 m), Gwächtenhorn (3420 m)

3

und Mittler Tierberg (3311 m). Zwei markante Felsinseln, der Bockberg und das Tierbergli, trennen die abfließenden Eisströme; auf dem westlichen (von der Passstraße aus rechten) thront die Tierberglihütte. Man erreicht sie »trockenen Fußes«, also ohne Eis zu betreten, allerdings nur über einen weiß-blau-weiß bezeichneten Alpinsteig. Das muss aber keinen trittsicheren Bergwanderer abhalten. Die Felsstufen im obersten Abschnitt sind harmlos, und der Pfad ist an keiner Stelle ausgesetzt. Von der Hüttenterrasse genießt man (nebst einer wohlverdienten Brotzeit) die Aussicht auf das eisige Gipfelhalbrund.

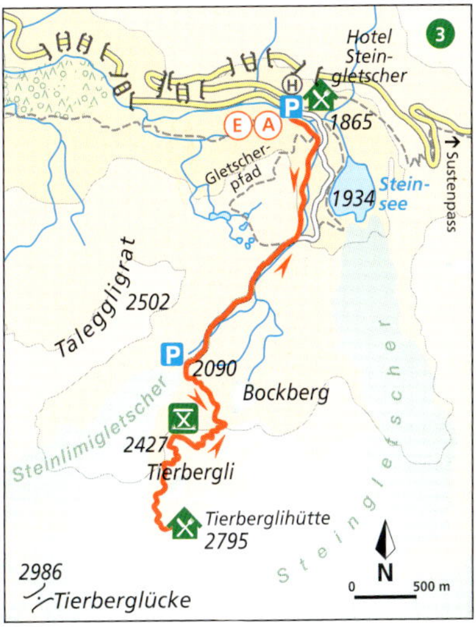

Der Wegverlauf

An der großen Straßenkehre beim **Hotel Steingletscher** (1865 m) über das Steinwasser und mit der weiß-roten Markierung im Bachgraben bergan. Wenig oberhalb des milchiggrünen Steinsees mündet der Weg in die Asphaltstraße. Beim Parkplatz an ihrem Ende (ca. 2090 m) führt eine solide Brücke über den Abfluss des Steinlimigletschers. Der Hüttenweg überwindet zunächst in Kehren den schrofigen Sockel des Tierbergli, quert dann nach rechts zu einem schönen Rastplatz (2427 m). Besonders eindrucksvoll ist der Tiefblick auf das vielfach gespaltene Eis des Steinlimigletschers. Genau nördlich steht der mächtige Titlis (3239 m), leicht zu erkennen an seiner steilen Südwand und dem großen Sendeturm.

Viel Aussicht bietet auch der Weiterweg, doch empfiehlt es sich, gut auf den Weg zu achten. Die deutlichen Markierungen leiten über Felsstufen und Geröll bergan; gelegentlich muss man sogar die Hände zu Hilfe nehmen. Ausgesetzt ist die Route allerdings nirgends, und an einigen Stellen helfen Ketten weiter. Schließlich mündet die Spur auf einen Geröllrücken. Ein paar Meter höher, am höchsten Punkt des »Inselberges«, steht die **Tierberglihütte** (2795 m; 3 Std.). Abstieg nur auf dem Anstiegsweg! (5 Std.)

4 Furtwangsattel, 2568 m

Passweg vom Gadmer- ins Haslital: Furen – Windegghütte – Trifttälli – Furtwangsattel – Holzhüs – Guttannen

anspr.

20 km

8 3/4 Std.

↑1600 m
↓1500 m

Tourencharakter: Alpine Passwanderung, sehr anstrengend. Trittsicherheit und eine gute Kondition sind unerlässlich! Im Vorfeld des Triftgletschers interessante Wegvariante (teilweise gesichert), Aufstieg durchs Trifttälli rau und teilweise weglos. Keine Einkehr unterwegs!
Beste Jahreszeit: Hochsommer bis zum ersten Schneefall im Herbst.
Ausgangspunkt: Furen (1149 m) an der Sustenstraße.
Endpunkt: Guttannen (1057 m) an der Grimselstraße.
Kleine Variante: Furen – Gletschersteig – Windegghütten – Furen, ca. 5 1/2 Std.
Wanderkarten: Landeskarte der Schweiz 1:50 000, Blatt 255T »Sustenpass« mit Wanderwegeaufdruck; Kümmerli+Frey 1:60 000 »Jungfrau-Region–Oberhasli«.
Markierung: Weiß-rot-weiß, gelbe Wegzeiger.
Verkehrsanbindung: Ausgangs- und Endpunkt dieser Tour liegen an der Susten- bzw. Grimsel-Passstraße, ab Innertkirchen je etwa 10 km. Postbusverbindungen ab Meiringen/Innertkirchen.
Unterkunft: Windegghütten (1887 m), bewirtet Juli bis September; Tel. 033/975 11 10.
Tourist-Info: Alpenregion Brienz–Meiringen–Hasliberg, Bahnhofstraße 22, CH-3860 Meiringen; Tel. +41(0)33/972 50 50, Fax 972 50 55, E-Mail info@alpenregion.ch, Internet www.alpenregion.ch.

Zwischen dem Gadmer- und dem Haslital gibt es nur einen einzigen, eisfreien Übergang, jenen am **Furtwangsattel** (2568 m). Er führt aber trotzdem in hochalpine Regionen, und am Windegg zieht von der nahen Zunge des mächtigen Triftgletschers ein kühles Lüftchen herauf – im Hochsommer durchaus willkommen.

Der Abstieg nach **Guttannen** (1057 m) im Oberhasli ist dann ein herrliches Schaulaufen, mit Aussicht auf das mächtige Ritzlihorn (3263 m), zu den Engelhörnern und dem wuchtigen Wetterhorn. Die extrem steilen Talflanken erlauben dabei keinen Zweifel am Sinn des Ortsnamens: Bäume als natürlicher Schutz gegen Lawinen – Guttannen.

Eisige Zunge: der Triftgletscher.

Der Wegverlauf

Die Wanderung beginnt auf einem Sträßchen, führt von der Postbus-Haltestelle in **Furen** (1149 m) kurz hinab zum Gadmerwasser, dann ein paar hundert Meter talauswärts. Beim Wegzeiger »Windegg« links bergan, mit Aussicht auf Gadmerflue und Wendenstöcke. An der Verzweigung (Tafeln) im Schaftellauiwald hält man sich rechts;

der Pfad steigt weiter an und umgeht eine Hangrutschung jüngeren Datums (ca. 1500 m). Vorbei an ein paar Hütten senkt er sich anschließend ins Tal des Triftwassers. Man passiert den Betonbau einer Werksseilbahn, etwas oberhalb seiner Fassung dann das stiebende Triftwasser auf einer soliden Brücke. Bei »Bosslis Stein«, eine halbe Stunde weiter, gabelt sich die Route: rechts an dem verstrauchten, felsdurchsetzten Hang bergan zu den **Windegghütten** (1887 m), geradeaus hoch über der wilden Schlucht des Triftwassers bis ins Vorfeld des Triftgletschers und dann an den vom Eis glattpolierten Felsen (Ketten) hinauf zu dem Rifugium (3:30 Std.)

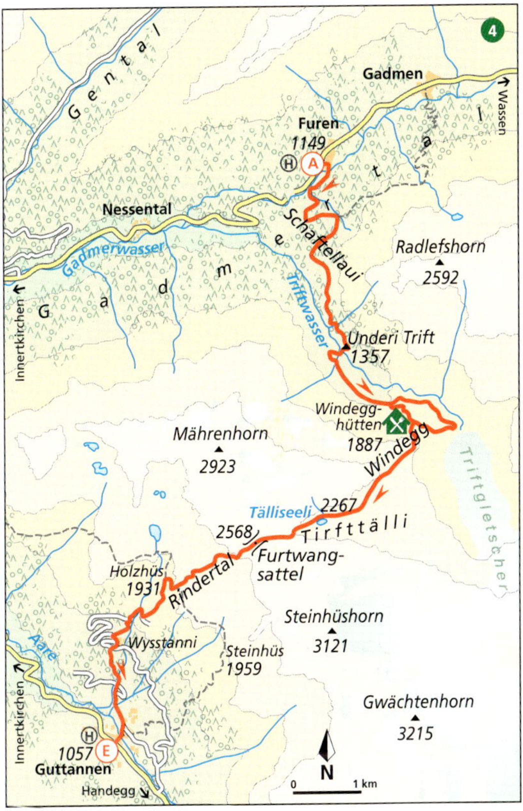

Der Weiterweg steigt über den felsigen Rücken des Windeggs an; dabei bieten sich packende Tiefblicke auf den Triftgletscher. An einem schmalen Felsdurchlass betritt man das Trifttälli. Die Markierungen leiten flach zum kleinen Tälliseeli (2267 m), dann über einen Geröllhang steil in den **Furtwangsattel** (2568 m; 5:45 Std.). Berauschend die Aussicht über den tiefen Graben des oberen Haslitals auf das Ritzlihorn mit seinen ausladenden Graten.

Der lange Abstieg führt durch das Rindertal zunächst steil hinunter zur Alp **Holzhüs** (1931 m). Zweihundert Meter tiefer kreuzt man erstmals die Erschließungsstraße. Weiter auf dem markierten Bergweg über Wysstanni bergab nach **Guttannen** (1057 m; 8:45 Std.).

5 Grimselpass, 2165 m

Säumer, Strahler, Kraftwerksbauer: Guttannen – Handegg – Räterichsboden – Grimselsee – Grimselpass

leicht

15 km

4 1/2 Std.

↑1110 m

ja

Tourencharakter: Passwanderung weitgehend abseits der Straße, teilweise auf dem historischen Saumpfad. Sie vermittelt neben schönen Hochgebirgsbildern auch Einblick in die Geschichte des Oberhasli und der Grimselroute. Verschiedene Teilbegehungen möglich.
Beste Jahreszeit: Ende Juni bis Mitte Oktober.
Ausgangspunkt: Guttannen (1057 m) im Haslital.
Endpunkt: Grimselpass (2165 m).
Kleine Variante: »Grims-Kristallweg« von Handegg zum Grimsel-Hospiz; 2 1/2 Std.
Wanderkarten: Landeskarte der Schweiz 1:50 000, Blätter 255T »Sustenpass« und 265T »Nufenenpass« mit Wanderwegeaufdruck; Kümmerly+Frey 1:60 000 »Jungfrau-Region–Oberhasli«.
Markierung: Gelb, weiß-rot-weiß, gelbe Wegzeiger.
Verkehrsanbindung: Die Grimselstraße verbindet das Haslital mit dem Oberwallis (Goms); Meiringen – Grimselpass – Gletsch 38 km. Über den Pass fährt im Sommer ein Linienbus.
Einkehr/Unterkunft: Gasthöfe und Hotels in Guttannen, Handegg, Grimsel-Hospiz und Grimselpass.
Tourist-Info: Alpenregion Brienz–Meiringen–Hasliberg, Bahnhofstraße 22, CH-3860 Meiringen; Tel. +41(0)33/972 50 50, Fax 972 50 55, E-Mail info@alpenregion.ch, Internet www.alpenregion.ch.

Beliebtes Ausflugsziel, nicht nur für Wanderer: der Grimselpass.

Die **Grimsellandschaft** wird in ganz besonderem Maß von der Wasserkraft geprägt: Das Eis hat Bergflanken abgehobelt und die Talmulden geformt, es befördert tonnenweise Geröll ins Gletschervorfeld. Hier übernimmt das Wasser den Weitertransport, talwärts und schließlich hinaus zum Brienzer See, wo es dafür

Tipp

Die KWO (Kraftwerke Oberhasli) bieten Führungen ihrer Kraftwerksanlagen und der Kristallkluft an der Gerstenegg an. Jeweils Montag und Mittwoch von Ende Juni bis Anfang Oktober, ab Meiringen 13.30 Uhr. Voranmeldung bei der Tourist Information notwendig; Preis CHF 27,–.

5

sorgt, das dessen Volumen Jahr für Jahr ein bisschen kleiner wird.

Und dann die großen **Stauseen** am Oberlauf der Aare und ihrer Quellbäche! Sie sind aus dem großartigen alpinen Ensemble nicht mehr wegzudenken, vor allem natürlich der fast sechs Kilometer lange Alpenfjord des **Grimselsees** (1909 m). Die verzweigten Kraftwerksanlagen wurden hier in mehreren Etappen realisiert; Baubeginn war 1925. Das umstrittene Projekt Grimsel-West dürfte allerdings nicht mehr verwirklicht werden → Tour 7.

Lange vor den Kraftwerksbauern waren die Wegbauer da. Obwohl bereits in gallo-römischer Zeit benützt, erlangte die Route erst im Spätmittelalter einige Bedeutung. 1397 schlossen die Anrainer einen Vertrag über Bau und Unterhalt eines durchgehenden Saumpfades vom Brienzer See via

5

Nach dem Bau des Stausees neu entstanden: das Grimsel Hospiz.

Grimsel und Griespass bis ins Pomat (heute: Val Formazza). Eine echte Konkurrenz zum Gotthard bildete diese Strecke allerdings nie. Teile des historischen Grimselweges sind noch erhalten; der Abschnitt von Innertkirchen bis Guttannen wurde fast durchgehend wiederhergestellt.

Berühmt ist das Oberhasli auch für seinen Kristallreichtum. Eines der größten Vorkommen wurde 1974 beim Kraftwerksbau an der Gerstenegg entdeckt. Die über 20 Meter lange Kluft liegt tief im Berginnern und dürfte etwa 16 Millionen Jahre alt sein. Infotafeln am »Grims-Kristallweg« vermitteln allerhand Wissenswertes zu diesem Thema. So erfährt man beispielsweise, dass in der Schweiz Mineraliensucher als »Strahler« bezeichnet werden, dass früher viele Bergkristalle exportiert wurden, vor allem nach Italien.

Der Wegverlauf

In **Guttannen** (1057 m) überquert man zunächst die Aare zum Ortsteil Sunnsyten (= Sonnseite), dann geht's auf Fahrwegen sanft ansteigend taleinwärts. Links mündet die Rotlaui, einer der vielen Lawinenstriche rund um Guttannen (laui = Lawine). Hinter der Tschingelbrigg (1137 m) stößt man wieder auf die Passstraße. Die markierte Wanderroute verläuft nun mehr oder weniger par-

5

Tipp

Schönster Aussichtspunkt über der Stausee-Landschaft Grimsel ist das Sidelhorn (2764 m); markierter Anstieg vom Grimselpass knapp 2 Std. Neben dem Tiefblick auf den Grimselsee fasziniert vor allem die Schau auf die schroffen Viertausender der Berner Alpen.

allel zum Asphaltband, das am »Staibenden« in einem Tunnel verschwindet. Wenig weiter liegt links die Kraftwerkszentrale Handegg; der Fußweg kürzt die große Straßenschleife ab und steigt an dem bewaldeten Hang steil an zum **Hotel Handegg** (1401 m; 1:30 Std.).

Quer durch das Blockfeld der Handegglauenen führt der Saumpfad abseits der Straße weiter zum »Säumerstein«, wo früher Rast gemacht wurde (Grillplatz), dann über die aus dem Granit gehauenen Stufen der »Hälen Platten« in die Talweitung von Chüenzentennlen. Hier überquert man die Aare zweimal auf den historischen Bögli-Brücken; dann steigt der Pfad an zum **Räterichsbodensee** (1767 m). An seinem Westufer geht's weiter zum oberen Seeende, wo die beiden Betonsperren des **Grimselsees** (1909 m) ins Blickfeld kommen. Die Markierungen leiten bergan zur Passstraße; man verlässt sie aber in der Linkskehre gleich wieder und steigt auf zur Krone der Seeuferegg-mauer (1912 m). Auf dem Granitbuckel des Spittelnollen thront das **Grimsel-Hospiz** (3:45 Std.). Von der großen Terrasse dahinter bietet sich ein stimmungsvoller Blick über den Stausee.

Technik im Hochgebirge: die Staumauer des Grimselsees.

Die Grimselstraße steigt in vier weiten Schleifen vom Stausee zur Wasserscheide hinauf; Wanderer folgen ihr bis zur ersten Kehre (1968 m), biegen dann wieder in den alten Saumpfad ein, der in kurzem Zickzack über den felsdurchsetzten Hang ebenfalls den **Grimselpass** (2165 m; 4:30 Std.) ansteuert. Knapp jenseits der Scheitelhöhe liegt der Totensee (2162 m) zwischen Grasflecken und vom Eis rundgeschliffenen Felsbuckeln. Es lohnt sich auf jeden Fall, das Gewässer zu umrunden: Von der Anhöhe über dem Südufer hat man freie Sicht auf die (stark geschwundene) Zunge des Rhonegletschers.

6 Gelmerhütte, 2412 m

Aargranit und Gletscherwasser: Grimselstraße – Gelmersee – Gelmerhütte

mittel

10 km

5 Std.

↑820 m ↓820 m

Tourencharakter: Lohnende Hüttenwanderung auf abschnittweise etwas ausgesetzten Wegen (Gelmerseeufer); dankbar auch schon der Spaziergang rund um den Stausee. Seeuferweg an einigen Stellen etwas ausgesetzt, aber überall gut gesichert.
Beste Jahreszeit: Ende Juni bis zum ersten Schnee im Herbst.
Ausgangs-/Endpunkt: Bushalt und Parkplatz Chüenzentennlen (1596 m) an der Grimselstraße.
Kleine Variante: Seerundgang auf markierten Wegen, 1 1/4 Std. von der Bergstation der Gelmer-Standseilbahn, 2 3/4 Std. ab Chüenzentennlen.
Wanderkarten: Landeskarte der Schweiz 1:50 000, Blatt 255T »Sustenpass«; Landeskarte der Schweiz 1:25 000, Blatt 1230 »Guttannen«; Kümmerly+Frey 1:60 000 »Jungfrau-Region–Oberhasli«.
Markierung: Weiß-rot-weiß, gelbe Wegzeiger.
Verkehrsanbindung: Über die Grimsel-Passstraße, 18 km von Innertkirchen, 9 km von der Passhöhe. Gute Busverbindungen mit Meiringen und Oberwald (Wallis). Bei Handegg (1401 m; Parkplatz) befindet sich die Talstation der ehemaligen Gelmer-Werksbahn.
Einkehr/Unterkunft: Gelmerhütte (2412 m), bewirtschaftet Juli bis September; Tel. 033/973 11 80.
Tourist-Info: Alpenregion Brienz–Meiringen–Hasliberg, Bahnhofstraße 22, CH-3860 Meiringen; Tel. +41(0)33/972 50 50, Fax 972 50 55, E-Mail info@alpenregion.ch, Internet www.alpenregion.ch.

Wer durch das Oberhasli hinauffährt zum Grimselpass, bekommt

den **Gelmersee** (1849 m) nicht zu Gesicht. Denn im Gegensatz zu Räterichsboden- und Grimselsee, die unmittelbar an der Passstraße liegen, versteckt er sich hoch in einem Seitental zwischen dem Schoibhoren und den Gelmerhörnern (2631 m). Er ist Teil der Kraftwerkslandschaft am Oberlauf der Aare und ihrer Zuflüsse. Die Betonmauer des 13 Millionen Kubikmeter Wasser fassenden Speichers wurde 1932 fertiggestellt, zusammen mit dem Kraftwerk Handegg I und der Standseilbahn. Sie wird heute auch touristisch genutzt und gilt mit einer Steigung von 106 Prozent als die steilste Anlage ihrer Art im gesam-

Aussichtsreicher Uferweg: am Gelmersee.

ten Alpenraum! Das extreme Gefälle macht sich vor allem bei der Talfahrt bemerkbar, wenn man – buchstäblich! – über die Rampe am Chatzenchälen abgeseilt wird.
Nicht ganz so steil ist der schön angelegte Wanderweg hinauf zum Stausee, obwohl er teilweise als Treppe in das felsige Gelände trassiert wurde. Nach dem (teilweise etwas luftigen) Uferspaziergang steigt man über viele Kehren hinauf zur Gelmerhütte, die sich einer aussichtsreichen Lage vor den schroffen Kletterzacken der Gelmerhörner erfreut.

Der Wegverlauf

Der gut markierte Weg führt gleich oberhalb der Grimselstraße am seichten Stockseeli (1618 m) vorbei, ehe er die Felsbarriere über dem Hindren Stock (1645 m) ansteuert. Granitstufen erleichtern den Aufstieg in dem steilen Gelände; von der kleinen Anhöhe oberhalb des Gelmerstutz genießt man packende Tiefblicke auf die Grimselstraße. Beim Spaziergang über die Be-

6

tonsperre des **Gelmersees** (0:45 Std.) kommt bereits das Wanderziel ins Blickfeld, und hinter der Gelmerhütte ragt der felsige Kamm von Gwächten- und Diechterhorn (3389 m) in den blauen Himmel. Der Westuferweg ist teilweise aus dem Granit gehauen; ausgesetzte Passagen sind gesichert. Im Undrists (= unter) Diechter beginnt der eigentliche Hüttenanstieg: anderthalb Stunden im Zickzack über den steinigen Hang. Zur Linken hat man den Diechterbach, der in zahlreichen Kaskaden herabstiebt, darüber erheben sich die schroffen Zacken der Gelmerhörner (2631 m). Nach einer

Die Zunge des Unteraargletschers reicht fast bis in den Grimsel-Stausee.

Linksquerung unter Felsbalmen ist die prächtig gelegene **Gelmerhütte** (2412 m; 3 Std.) erreicht. Von der Terrasse bietet sich ein packender Tiefblick auf den Stausee. Über dem südlichsten Zacken der Gelmerhörner zeigt sich das Finsteraarhorn (4274 m) – immerhin der höchste Gipfel der Berner Alpen.
Beim Abstieg kann man alternativ den ostseitigen Seeuferweg benützen, der Zeitaufwand ist nur unerheblich größer.

7 Lauteraarhütte, 2393 m

Technik und Natur an der Grimsel: Grimsel-Hospiz – Grimselsee – Lauteraarhütte

mittel

20 km

7 Std.

↑750 m ↓750 m

Tourencharakter: Recht lange Hüttenwanderung in einer großen Kulisse. Bis zum oberen Ende des Stausees geht ein guter Weg, auf dem Gletscher und in seinem Vorfeld viel Geröll, zuletzt schmaler Pfad zur Hütte. Am Nordufer des Grimselsees ein stetiges Auf und Ab. Faszinierend der (künstliche) Alpenfjord des Grimselsees. Bei Nebel kann die Orientierung auf dem Unteraargletscher problematisch werden.
Beste Jahreszeit: Juli bis September.
Ausgangs-/Endpunkt: Grimsel-Hospiz am Spittelnollen (1980 m); Zufahrt von der Grimselpassstraße. Großer Parkplatz.
Kleine Variante: Wanderung bis zum oberen Seeende und zurück; Gesamtgehzeit 5 Std.
Wanderkarten: Landeskarte der Schweiz 1:25 000, Blätter 1230 »Guttannen« und 1250 »Ulrichen«; Kümmerly+Frey 1:60 000 »Jungfrau-Region–Oberhasli«.
Markierung: Weiß-rot-weiß bis zum Seeende, dann weiß-blau-weiß; auf dem Unteraargletscher auch Stangen.
Verkehrsanbindung: Der Grimselpass (2165 m) verbindet das Haslital mit dem Goms (Oberwallis), 30 km von Meiringen bis zum Grimsel-Stausee. Postbuslinie.
Einkehr/Unterkunft: Grimsel-Hospiz (1962 m). Lauteraarhütte (2393 m), bewirtschaftet Juli und August; Tel. 033/973 11 10.
Tourist-Info: Alpenregion Brienz–Meiringen–Hasliberg, Bahnhofstraße 22, CH-3860 Meiringen; Tel. +41(0)33/972 50 50, Fax 972 50 55, E-Mail info@alpenregion.ch, Internet www.alpenregion.ch.

Wer an einem schönen Sommertag zur Lauteraarhütte wandert, kann leicht ins Schwärmen geraten. Superlative drängen sich auf angesichts dieser grandiosen Fels- und Eislandschaft. »Nordisch« hat man sie schon genannt, die Grimselregion, und der langgestreckte Alpenfjord des Stausees lädt auch zu einem Vergleich ein, ebenso der kompakte, raue Granit. Die Gipfel über den Talgletschern sind allerdings entschieden höher, die Tage im Sommer dafür nicht so lang wie in Norwegens Bergen. Da kann es leicht passieren, dass die Zeit knapp wird, wenn man erst im

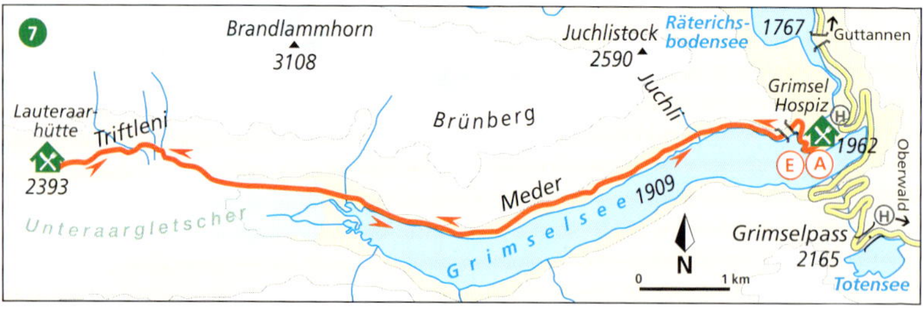

7

letzten Abendlicht wieder beim Grimsel-Hospiz ankommt: zu viel gibt es zu sehen, zu bestaunen. Da ist einmal der See, der sich so gut in diese Landschaft einfügt, dass man an eine Versöhnung von Natur und Technik glauben möchte, dann die gigantischen, wie aus einem Stück gegossenen Granitmauern und die scheinbar himmelhoch ragenden Gipfel. Im Sommer blüht es bunt zwischen dem braunen Stein, dunkelgrün stehen die wetterfesten Arven an der steilen Wiesenflanke.

Kunstvoll angelegt: der Grimselsee-Uferweg.

Ihre Tage schienen gezählt, als die Energiebarone in Bern das gigantische Projekt »Grimsel-West« vorstellten. Der Spiegel des hinteren Grimselsees sollte mittels einer 220 Meter hohen Mauer (die in den alten Speicher zu stehen käme) um gut hundert Meter angehoben werden – Staukapazität rund 410 Millionen Kubikmeter Wasser. Mittlerweile sind diese Ausbaupläne vom Tisch, eine Folge des anhaltenden Widerstands in der Bevölkerung, aber auch der Liberalisierung im europäischen Strommarkt. Das Naturschutzgebiet Grimsel mit seinen knorrigen Arven und Mooren wird erhalten bleiben, auch für unsere Kinder und Enkel. »Schonet Pflanzen und Tiere«, kann man auf einer Tafel am Weg zur Lauteraarhütte, gleich oberhalb der Spittellamm-Staumauer, lesen. Unterzeichner: der Bund Naturschutz und die Kraftwerke Oberhasli (1934).

Der Wegverlauf

Die große Hüttentour beginnt mit Treppensteigen: vom **Grimsel-Hospiz** (1962 m) geht es zunächst hinunter zu der fast 100 Meter hohen Bogenstaumauer, dann gut gesichert über viele Stufen am kompakten Granit der Spittellamm wieder schräg aufwärts. Es folgt eine recht luftige (aber mit Geländer versehene) Querung, dann verschwindet der Weg für hundert Meter im Bergesinnern. Nach diesem finsteren Intermezzo verläuft er mit viel Auf und Ab über dem sonnseitigen Seeufer, teilweise mit Granitplatten und -stufen versehen, dann wieder als deutliche Sandspur zwischen den Steinen. Auf solider Brücke überquert man den Juchlibach,

7

Energiespeicher Grimselsee.

der, durch das Schmelzwasser des Bächli- und Gruebengletschers angereichert (Zuleitungen), über ein paar Felsstufen herabstiebt. Eine halbe Gehstunde weiter überrascht der schöne Arvenbestand von Meder, und schließlich kommt auch das langgestreckte Gletschertal von Unteraar ins Blickfeld, wirkungsvoll abgeschlossen von den beieinander stehenden Zacken des Lauteraarhorns (4042 m) und des Schreckhorns (4078 m). Rechts hoch in den Felsen kann man bei schönem Wetter Kletterern zuschauen, wie sie sich in dem Granit nach oben »reiben«. Die kleinen Kinder spielen lieber am schönen Sandstrand des oberen Seeendes (2:15 Std.).

Eine bezeichnete Spur führt über den flachen Boden hinter dem Grimselsee zur Zunge des Unteraargletschers. Der trägt eine dicke »Haut« aus Geröll und Bergsturztrümmern, die er im Zeitlupentempo zum See transportiert. Man betritt das (verborgene) Eis rechts oberhalb des Gletschermauls und wandert dann auf dem Gletscher taleinwärts, bis die Markierungen nach rechts weisen. Nun auf deutlichem Weg an dem felsdurchsetzten Hang bergan, über den Triftbach und zuletzt flach über eine teilweise grasbewachsene Terrasse zur **Lauteraarhütte** (2393 m; 4 Std.). Hier erwartet uns ein herrlicher Blick über die Eisströme von Finster- und Lauteraargletscher auf einige der höchsten (und schönsten) Gipfel der Berner Alpen: Finsteraarhorn (4274 m), Agassizhorn (3953 m), Lauteraar- und Schreckhorn. – Rückweg nur über den Anstiegsweg!

Große Scheidegg, 1962 m

Aussicht unterm Wetterhorn: Schwarzwaldalp – Pfanni – Cheerhubel – Große Scheidegg – Schwarzwaldalp

8

Tourencharakter: Gemütliche Wanderrunde auf überwiegend guten Wegen, teilweise auch Sandstraßen: mehr Aussicht als Anstrengung.
Beste Jahreszeit: Mitte Juni bis Mitte Oktober.
Ausgangs-/Endpunkt: Schwarzwaldalp (1456 m) im Reichenbachtal.
Kleine Variante: »Romantikweg«: Aufstieg zur Pfannialm, dann direkt zum Scheidegg-Oberläger und weiter wie beschrieben zur Großen Scheidegg; Gesamtgehzeit 3 1/2 Std.
Wanderkarten: Landeskarte der Schweiz 1:50 000, Blatt 254T »Interlaken« mit Wanderwegeaufdruck; Landeskarte der Schweiz 1:25 000, Blatt 2520 »Jungfrau-Region«; Kümmerly+Frey 1:60 000 »Jungfrau-Region–Oberhasli«.
Markierung: Weiß-rot-weiß, gelbe Wegzeiger.
Verkehrsanbindung: Durch das Reichenbachtal führt eine teilweise sehr schmale, kurvenreiche Straße, 15 km von Meiringen bis zur Schwarzwaldalp (Wanderparkplatz). Es verkehrt auch ein Postbus.
Einkehr/Unterkunft: Berghotel Große Scheidegg (1962 m), Hotel Chalet Schwarzwaldalp (1456 m).
Tourist-Info: Alpenregion Brienz–Meiringen–Hasliberg, Bahnhofstraße 22, CH-3860 Meiringen;
Tel. +41(0)33/972 50 50, Fax 972 50 55,
E-Mail info@alpenregion.ch,
Internet www.alpenregion.ch.

	leicht
	13 km
	4 1/2 Std.
	↑850 m ↓850 m
	ja

Berühmter und größer ist sie allemal, die Nordwand des Eiger, als der Nordabsturz des **Wetterhorns** (3692 m). Doch jenes Bild, das sich bei der Fahrt von Meiringen hinauf zur Schwarzwaldalp vor Rosenlaui auftut, sucht wohl nicht nur in den Berner Alpen seinesgleichen. Grauer Fels und weißer Firn über sattgrünen Matten. Da gleißen die zerklüfteten Abbrüche des Rosenlauigletschers im Morgenlicht, während die immerhin 1300 Meter hohe

Erfrischendes Bad am Scheidegg-Oberläger.

8

Nordwand des Wetterhorns noch im Schatten liegt. Und später dann, beim Anstieg durch den herrlichen Ahornhain oberhalb der Schwarzwaldalp, tritt auch der Eiger (3970 m) in die Kulisse, nicht mit seiner Nordwand allerdings, sondern dem messerscharf erscheinenden Mittellegigrat. Blickfang bleibt aber der jähe Absturz des Wetterhorns, und am Weg vom Hornseeli hinüber zur Großen Scheidegg rückt die gigantische Mauer dann immer näher, bis ihr eigentlicher Giebel, das Scheideggwetterhorn (3361 m), irgendwo über einem im Firmament zu hängen scheint. Was für ein Kontrast zu dem Blick hinab in die lieblich-grüne und weite Talmulde von Grindelwald!

Der Wegverlauf

Die Bergwanderung führt von der **Schwarzwaldalp** (1456 m) zunächst ganz kurz auf dem Asphalt talabwärts, dann links auf einem Schottersträßchen über den mit Bergahorn bestandenen Hang bergan. Blickfang ist dabei – natürlich! – das Wetterhorn, links flankiert vom Wellhorn (3191 m). Hinter den Hütten von Pfanni (1780 m) wird die Fahrspur steiler; in der kleinen Scharte (2009 m) vor der Breitenbodenalp verlässt man sie nach links und folgt dem schmalen Pfad, der über das Grindelband erst steil, dann flacher ansteigt zu der Wiesensenke (ca. 2165 m) im Rücken des **Cheerhubels** (2216 m; 2:15 Std.). Den kleinen Abstecher sollte sich niemand entgehen lassen, bietet der Rücken doch eine große Schau auf die Hochalpen, vom Titlis (3239 m) im Westen bis zur Blüemlisalp (3661 m).

Mit viel Aussicht geht's auch weiter, zunächst hinab zum Horeseeli (2147 m), an dessen Ufern Scheuchzers Wollgras gedeiht, und über Alpwiesen weiter bergab zum Scheidegg-Oberläger

8

Tipp

Von Rosenlaui (1328 m), der »kleinsten Ortschaft der Schweiz« (Schild an der Straße), kann die eindrucksvolle Gletscherschlucht auf einem gesicherten Steg besucht werden: ein Abstecher ins Bergesinnere, wo zwischen den senkrechten Felswänden gerade noch ein kleines Stück des Himmels sichtbar ist, die Wasser des Rosenlauigletschers tosen. Anfahrt von Meiringen durch das Reichenbachtal, 13 km. Gehzeit 45 Min. (Juni bis Oktober geöffnet).

(1950 m). Nun auf der Alpstraße in leichtem Anstieg zum Wiesengrat und mit freier Sicht über den gesamten Talkessel von Grindelwald flach hinüber zur **Großen Scheidegg** (1962 m; 3:30 Std.).

Hier trifft man bei schönem Wetter stets auf zahlreiche Radler: knapp zehn Minuten für die Abfahrt auf zwei Rädern bis zur Schwarzwaldalp. Zu Fuß dauert es etwas länger, dafür verläuft der Weg abseits des Asphaltbandes. Unterhalb der Hütten von Alpiglen (1681 m) wechselt der markierte Pfad ans rechte Ufer des Rychenbachs. Im Wald wandert man hinaus und hinab zur **Schwarzwaldalp** (1456 m; 4:30 Std.). Hier lohnt es sich, noch einen Blick in das erst jüngst restaurierte, mit Wasser betriebene Sägewerk von 1896 zu werfen (Führungen; Infos Hotel Chalet Schwarzwaldalp).

Einfach riesig: die Nordwand des Wetterhorns.

9 Brienzer Rothorn, 2350 m

Mit Dampf hinauf – mit Aussicht bergab: Brienzer Rothorn – Arnihaaggen – Scheidegg – Wilervorsess – Brünigpass

mittel

13 km

4 1/2 Std.

↑300 m
↓1640 m

ja

Tourencharakter: Beliebte Höhen- und Bergabwanderung. Die Überschreitung des Arnihaaggen verlangt Trittsicherheit; schattige Stellen können im Herbst auch vereist sein! In diesem Fall nimmt man die südseitig verlaufende, markierte Wanderroute über Chäseren (1780 m); die Gesamtgehzeit verkürzt sich dabei um höchstens 1/2 Std.
Beste Jahreszeit: Juni bis Oktober.
Ausgangspunkt: Bergstation (2224 m) der Brienzer-Rothorn-Bahn.
Endpunkt: Brünigpass (1008 m).
Kleine Variante: Von Bahn zu Bahn: Brienzer Rothorn – Arnihaaggen – Schönbüel (2011 m); 2 1/4 Std.
Wanderkarten: Landeskarte der Schweiz 1:50 000, Blatt 254T »Interlaken«; Kümmerly+Frey 1:60 000 »Jungfrau-Region–Oberhasli«.
Markierung: Weiß-rot-weiß, gelbe Wegzeiger.
Verkehrsanbindung: Brienz liegt an der Bahnlinie Interlaken – Meiringen – Brünigpass – Luzern. Die Brienzer-Rothorn-Bahn verkehrt Anfang Juni bis Ende Oktober; es gibt günstige Wandertickets, z. B. Brienz – Rothorn/Brünig – Brienz.
Einkehr/Unterkunft: Hotel-Restaurant Rothorn Kulm (2266 m), Gipfelrestaurant Rothorn.
Tourist-Info: Tourist Information Brienz–Axalp, CH-3855 Brienz; Tel. +41(0)33/952 80 80, Fax 952 80 88, E-Mail info@alpenregion.ch, Internet www.alpenregion.ch.

Berühmt ist das **Brienzer Rothorn** (2350 m) für zweierlei: für sein immenses Panorama und für seine Bergbahn. Die fährt nämlich auf Schienen und wird mit Dampf betrieben. Das lockt Eisenbahnfreaks aus aller Welt an, und wer das Nostalgie-Erlebnis vervollständigen will, reist gleich noch über den Brienzer See an – natürlich per Dampfschiff!

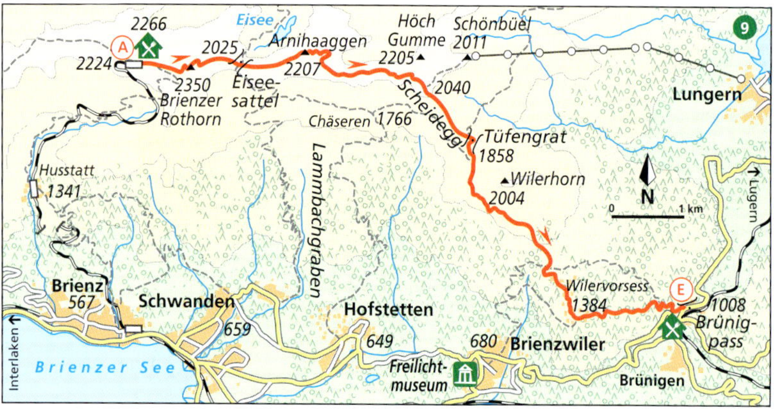

Tipp

Dass die »Hostellerie Lindenhof« etwas oberhalb von Brienz ihren Aussichtsplatz hat, ist vielleicht gar kein Zufall. Denn hier bemüht man sich um das Besondere, das Über-Durchschnittliche: schlafen in einem der dreißig individuell gestalteten Erlebniszimmer – von der »Laubhütte« über die »Murmelihöhle« bis zum »Alphüttli«; eine Küche genießen, die regional geprägt und mit Phantasie variiert ist, immer dem saisonalen Angebot angepasst. Und wenn alles so würzig-frisch schmeckt, liegt das auch an der Kräutergärtnerei Silberdistel gleich hinter dem Haus, in dem 450 verschiedene Kräuter gezogen werden. Nach der großen Tour kann man sich übrigens im Hallenbad (Erlebnisduschen inklusive) dieser Wohlfühl-Oase bestens entspannen. Hostellerie Lindenhof, CH-3855 Brienz; Tel. +41(0)33 952 20 30, Fax 952 20 40, Internet www.hotel-lindenhof.ch.

9

Entsprechend viel Betrieb herrscht an Schönwettertagen rund um den Gipfel, auf den Sonnenterrassen der »Beizen« (Restaurants), und bei den vielen, teils sehr exotisch wirkenden Besuchern sind neben den Fernsichten auf höchste (Berner) Alpenhorizonte und ins ewige Eis interessante Einblicke in weltweite Modetrends garantiert.

Vergleichsweise ruhig ist es dann am schönen Weg zum **Brünigpass** (1008 m), und nachdem man unter dem Höch Gumme, in Sichtweite der Seilbahnstation Schönbüel, rechts abgebogen ist, begegnen einem höchstens noch ein paar wenige Wanderer.

Steiler Pfad über dem Brienzer See: am Weg zum Arnihaaggen.

Dampfgetrieben: die Brienzer-Rothorn-Bahn.

Drunten am Pass fahren dann Bahn und Postauto, doch bis dahin ist bestimmt noch Zeit für einen Imbiss, am besten gleich im Restaurant »Brünig Kulm«. Von der Terrasse genießt man Aussicht auf die Berge des Oberhasli, und da gibt es noch zahlreiche lohnende Ziele.

Der Wegverlauf

An der Bergstation der Zahnradbahn (2244 m) reiht man sich ein in den bunten, vielbeinigen Tatzelwurm, der auf dem breiten Weg der Aussichtsterrasse am **Brienzer Rothorn** (2350 m; 0:20 Std.) entgegenstrebt, wo dann die eisigen Majestäten am südlichen Horizont bewundert und fotografiert werden, vorzugsweise mit der/dem Liebsten im Vordergrund.

Genau östlich und recht nahe – zwei Kilometer in der Luftlinie – erhebt sich der zweite Hochpunkt der Tour, der **Arnihaaggen** (2207 m). Davor liegt allerdings der Eiseesattel (2025 m), über den ein viel begangener Weg in ein paar Serpentinen hinabzieht. In der Senke beginnt der Gegenanstieg: erst links des scharfen Kamms, dann direkt am Grat steigt der teilweise etwas ausgesetzte Pfad (Vorsicht: rechts Felsabbrüche!) mit packenden Tiefblicken zum Brienzer See hinauf zum kleinräumigen Gipfel (1:30 Std.). Dahinter leiten ein paar Serpentinen hinunter

9

tipp

Für Eisenbahn-Nostalgiker aus aller Welt ist die Fahrt zum Brienzer Rothorn ein absolutes Muss, verkehrt hier doch die letzte Dampfbahn der Schweiz. Schnaufend und zischend zuckelt das Züglein bergwärts. Etwa eine Stunde benötigt es – Zwischenhalt zum Wasser tanken inklusive – für die 7,6 km lange Strecke von Brienz bis zur Bergstation (2244 m) knapp unter dem berühmten Aussichtsgipfel.
Dass es heute noch so schön raucht und dampft, hat vor allem eine (ganz banale) Ursache: Geldmangel. Pläne, die über hundert Jahre alte Anlage zu modernisieren, scheiterten deshalb immer wieder – dafür hat Brienz jetzt eine einmalige Attraktion. Die ältesten Loks der »Brienz–Rothorn-Bahn« wurden 1891 in Betrieb genommen – und sie funktionieren heute noch! Bei großem Andrang werden zusätzlich auch Diesellokomitiven eingesetzt.

zum Zwischenegg und flach durch die felsige Südflanke des Höch Gumme (2205 m) zur Weggabelung am Gibel (2040 m), einem attraktiven Aussichtspunkt (Rastbank; links zu der Seilbahnstation Schönbüel → Kleine Variante). Hier hält man sich rechts und steigt über den kurz etwas ausgesetzten Grat der Scheidegg hinab in den **Tüfengrat** (1858 m; 2:30 Std.). Aus dem Sattel führt der Weiterweg durch die teils felsige, teils verstrauchte Westflanke des Hörnli abwärts. Rechts mündet der untere Weg vom Eiseesattel. Weiter durch die steile, von Erosionsgräben gezeichnete Südflanke des Wilerhorns absteigend erreicht man die Alpregion von Wilervorsess (1384 m). Nun teilweise mit einer Straße zu den Häusern von Totzweg, dahinter auf schmalem Pfad im Wald bergab zu einer Forstpiste. Sie läuft hinab und hinaus zum Gasthaus »Brünig Kulm« knapp unterhalb des **Brünigpasses** (1008 m; 4:30 Std.).

Rast mit Fernsicht: am Gibel.

10 Giessbachfälle

Rauschende Wasser über dem Brienzer See: Iseltwald – Giessbach – Giessbachfälle – Schweibenalp – Iseltwald

leicht

12 km

4 1/2 Std.

↑500 m
↓500 m

ja

Tourencharakter: Beschauliche Wanderrunde am Südufer des Brienzer Sees mit viel Getöse und ein paar Wasserspritzern im Bereich der großartigen Giessbachfälle.
Beste Jahreszeit: Frühling bis Herbst; die Wege verlaufen weitgehend im Wald.
Ausgangs-/Endpunkt: Iseltwald (566 m), kleines Dorf am Südufer des Brienzer Sees.
Kleine Variante: Nach der Besichtigung der Wasserfälle mit dem Schiff zurück nach Iseltwald; Gehzeit dann 2 1/4 Std.
Wanderkarten: Landeskarte der Schweiz 1:50 000, Blatt 254T »Interlaken« mit Wanderwegeaufdruck; Kümmerly+Frey 1:60 000 »Jungfrau-Region–Oberhasli«.
Markierung: Gelbe Rhomben, gelbe Wegzeiger.
Verkehrsanbindung: Iseltwald liegt unterhalb der Schnellstraße Interlaken – Meiringen; es hat Busverbindung mit Interlaken. Mit dem Kursschiff kommt man über den Brienzer See zu dem Uferdorf.
Einkehr/Unterkunft: Grandhotel Giessbach (666 m).
Tourist-Info: Tourist Information Brienz–Axalp, CH-3855 Brienz; Tel. +41(0)33/952 80 80, Fax 952 80 88, E-Mail info@alpenregion.ch, Internet www.alpenregion.ch.

Die Wanderung zu den **Giessbachfällen** ist nicht nur ein Landschaftserlebnis, sondern auch eine kleine Zeitreise: Das Grandhotel Giessbach, vor einem Vierteljahrhundert fast der Abrissbirne zum Opfer gefallen (und dann vom Umweltschützer Franz Weber gerettet), erstrahlt in vornehm-altmodischem Glanz, die Standseilbahn befördert wie vor hundert Jahren Gehfaule vom See herauf zur Aussichtsterrasse, und der Weg zu der rauschenden Sehenswürdigkeit hat auch schon einige Jahre auf dem Buckel. Jünger ist die Schnellstraße hoch über dem Südufer des Brienzer Sees, doch die verläuft hier im und nicht am Berg, bleibt also unsichtbar. Dafür zeigt sich die langgestreckte Bergkette über dem See umso schöner (Brienzer Rothorn → Tour 9). Und nicht vergessen: Auf dem See verkehren die Kursschiffe der Oberländer Flotte. Warum also nicht von Giessbach gleich mit dem Schiff zurückfahren nach Iseltwald?

Stiebendes Wasser: die Giessbachfälle.

Der Wegverlauf

Aus der Bucht von **Iseltwald** (566 m) folgt man zunächst dem Uferssträßchen. Halblinks im See draußen liegt die kleine Schneckeninsel. Bei Scho-

10

ren (Camping) zweigt der schön angelegte, abschnittweise aus dem Fels gehauene Fußweg ab. Er verläuft ohne nennenswerte Höhenunterschiede am Seeufer entlang, bietet dabei stimmungsvolle Ausblicke auf die Ortschaften am rechten Ufer des Brienzer Sees und auf das Brienzer Rothorn (2350 m). Hundert Meter über dem lauschigen Pfad, aber weder hör- noch sichtbar, verläuft die Schnellstraße. Von der Schiffanlegestelle **Giessbach** (566 m; 1:30 Std.) steigt man hinauf zum gleichnamigen Hotel (666 m; auch Standseilbahn) in schöner Lage vor den **Giessbachfällen**. Der weitere Anstieg auf einem Serpentinenweg bietet packende Blicke auf die tosende Gischt. Etwa auf halber Höhe der insgesamt 14 Kaskaden, die über rund 400 Meter herabstürzen, quert man auf einem gesicherten Steg hinter dem Wasservorhang auf die Westseite der Giessbachschlucht. Anschließend steigt der Weg im Zickzack an gegen den Felsriegel der Schweibenflue. An der Verzweigung im Rücken der **Schweibenalp** (ca. 1070 m; 3 Std.) hält man sich rechts und wandert hinüber zum »Alten Hus« (1054 m). Dahinter geht's im Wald steil bergab zur ausgedehnten Hagweid, mit zuletzt freier Sicht über den Brienzer See auf sein Nordufer und den Rothorngrat. Ein Güterweg leitet dann hinunter zum Schatthüsi (677 m), wo man oberhalb eines Tunnelportals die Schnellstraße kreuzt. Zuletzt auf einem Sträßchen hinunter zum Seeufer und zurück nach **Iseltwald** (4:30 Std.).

11 Augstmatthorn, 2137 m

Scharfe Grate, schroffe Gipfel: Harderkulm – Horet – Suggiture – Augstmatthorn – Bodmi – Habkern

anspr.

16 km

6 1/4 Std.

↑900 m ↓1140 m

Tourencharakter: Überraschend alpine Gipfeltour über dem unteren Brienzer See; ein sicherer Tritt ist auf dem abschnittweise schmalen und ausgesetzten Weg unerlässlich. Nach Regen oder Schneefall ist von einer Begehung abzuraten.
Beste Jahreszeit: Juni bis zum Herbst.
Ausgangspunkt: Bergstation (1306 m) der Harder-Standseilbahn.
Endpunkt: Habkern (1055 m) im Tal des Lombachs, 9 km von Interlaken.
Kleine Variante: Von der Alp Horet kann man auch – den Gipfel auslassend – direkt nach Habkern absteigen; Gesamtgehzeit etwa 3 1/2 Std.
Wanderkarten: Landeskarte der Schweiz 1:50 000, Blatt 254T »Interlaken« mit Wanderwegeaufdruck; Landeskarte der Schweiz 1:25 000, Blatt 1208 »Beatenberg«; Kümmerly+Frey 1:60 000 »Jungfrau-Region–Oberhasli«.
Markierung: Weiß-rot-weiß, gelbe Wegzeiger.
Verkehrsanbindung: Die Standseilbahn Interlaken – Harderkulm ist von Anfang Mai bis Ende Oktober in Betrieb; erste Bergfahrt wochentags 9.10 Uhr, sonntags 8.10 Uhr. Von Habkern fährt man mit dem Postbus zurück nach Interlaken.
Einkehr: Harder Kulm (1321 m), Gasthöfe in Habkern.
Tourist-Info: Interlaken Tourismus, Höheweg 37, CH-3800 Interlaken; Tel. +41(0)826 53 00, Fax 826 53 75, E-Mail mail@InterlakenTourism.ch, Internet www.InterkalenTourism.ch.

Erster Schnee im Herbst: am Weg zum Augstmatthorn.

Der schroffe, vielgipflige Gebirgszug, der den **Brienzer See** auf der rechten Seite begleitet und die kalte Bise (= Nordwind) abhält, lädt natürlich ein zu aussichtsreichen Kammwanderungen. Die Höhenunterschiede sind allerdings beachtlich, weshalb man froh ist um die Standseilbahn zum Harderkulm (1306 m).
Bedingt durch die Gesteinsvielfalt zwischen Hohgant (2188 m) und Harderkette zeichnet sich die Region durch eine sehr artenreiche Flora aus, und am Gratweg kann man mit etwas Glück Steinböcke beobachten. Die Kolonie am Augstmatthorn, 1921 begründet, gilt mit über 130 Tieren als größte im Berner Oberland.

Der Wegverlauf

Von der Seilbahnstation (1306 m) führt ein breiter Weg zum Terrassenrestaurant **Harder Kulm** (1321 m). Hier beginnt die lange

11

Kammüberschreitung. Sie führt an dem größtenteils bewaldeten Grat zunächst bergan gegen den Wannichnubel (1585 m), dessen Gipfel südseitig umgangen wird (Abstecher, 5 Min.), folgt dahinter in leichtem Auf und Ab dem Harderrücken, kurz auch in die abschüssigen Steilwiesen ausweichend (Vorsicht bei Nässe!). Den senkrechten Felsriegel der **Rote Flue** (1731 m) umgeht der Weg ebenfalls südseitig. Nach einem kurzen Zwischenabstieg läuft er hinaus auf die Almwiesen von **Horet** (1675 m; 2 Std.). Nun hat man Sichtverbindung mit dem Tourenziel; nicht zu übersehen ist auch der steile Anstieg vom Tritt (1821 m) zum **Suggiture** (2085 m). Dahinter führt die Spur am Grat hinüber zum **Augstmatthorn** (2137 m; 3:45 Std.) und zum großen Panorama.
Der Abstiegsweg zweigt knapp vor dem Gipfel ab (Tafel). Er zickzackt über die steile, felsdurchsetzte Westflanke abwärts gegen das Bodmisegg und in die Wasserscheide von Rotenschwand. Nun auf Almsträßchen und dem Wanderweg über Schwendallmi (1405 m) hinab nach **Habkern** (1055 m; 6:15 Std.).

12 Faulhorn, 2681 m

Der schönste Höhenweg des Oberlands! Schynige Platte – Faulhorn – First

leicht

17 km

5 3/4 Std.

↑780 m
↓520 m

ja

Tourencharakter: Ein absolutes Wander-Highlight! Durchwegs gute, abschnittweise etwas raue Wege. Faszinierend das Panorama der höchsten Berner Gipfel.
Beste Jahreszeit: Mitte Juni bis Mitte Oktober.
Ausgangspunkt: Bergstation der Zahnradbahn Wilderswil – Schynige Platte (1967 m).
Endpunkt: Bergstation der Gondelbahn Grindelwald – First (2166 m).
Kleine Variante: Siehe »Variante«, S. 53.
Wanderkarten: Landeskarte der Schweiz 1:50 000, Blatt 254T »Interlaken«; Landeskarte der Schweiz 1:25 000, Blatt 2520 »Jungfrau-Region«; Kümmerly+Frey 1:60 000 »Jungfrau-Region–Oberhasli«.
Markierung: Weiß-rot-weiß, gelbe Wegzeiger.
Verkehrsanbindung: Von Wilderswil fährt man mit der Zahnradbahn hinauf zur Schynigen Platte (1967 m). Die First-Gondelbahn verkehrt von Mitte Mai bis Mitte Oktober von 8.30 bis 16.30 Uhr; Ende Juni bis Mitte September erste Fahrt um 8 Uhr, letzte Fahrt um 18 Uhr. Stündliche Bahnverbindung zwischen Wilderswil und Grindelwald.
Einkehr/Unterkunft: Hotel Schynige Platte (1967 m), Berghaus Mändlenen (Weberhütte, 2344 m), Berghotel Faulhorn (2681 m), Berggasthaus First (2166 m).
Hinweis: Im Sommer blüht es im Alpengarten Schynige Platte besonders schön; das Gelände ist von Mitte Juni bis Mitte September geöffnet.
Tourist-Info: Grindelwald Tourismus, Postfach 124, CH-3818 Grindelwald; Tel. +41(0)33/854 12 12, Fax 854 12 10, E-Mail touristcenter@grindelwald.ch, Internet www.grindelwald.ch.

Die Höhenwanderung von der Schynigen Platte zum **First** ist *der* Klassiker schlechthin für alle, die über zwei gesunde Beine und etwas Ausdauer verfügen: von Bahnstation zu Bahnstation, von Aussicht zu Aussicht. Am schönsten ist sie natürlich vom **Faulhorn** (2681 m), und das bietet sich für eine längere (und in doppeltem Sinn genussvolle) Pause an, weil gleich unter dem Gipfel das gleichnamige Berghotel steht – das älteste im ganzen Oberland notabene, bereits 1832 erbaut. Da genießt man dann bei

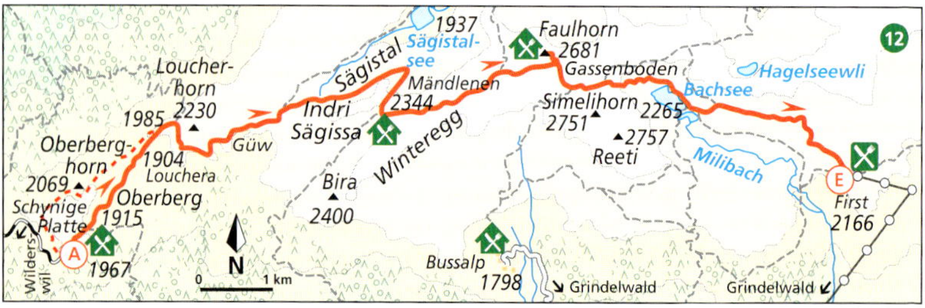

12

Tipp

Höchster Gipfel nördlich über Grindelwald ist das Schwarzhorn (2928 m), 2 1/2 Std. von First auf einem markierten Weg über den Südgrat. Erfahrene Berggänger wählen den Anstieg über die Grosse Chrinne und den Klettersteig; 3 Std. Näheres in »Hüslers Klettersteigführer Westalpen« (Bruckmann München).

Moscht und Röschti die (eis)glänzende Aussicht auf die gesamte steinerne Prominenz des Oberlands, vom Wetterhorn über Schreck- und Finsteraarhorn (4274 m) und die »großen Drei« zur Blüemlisalp. Quizfrage dazu: Wer ist nun der Schönste (Berg) im ganzen (Ober-) Land? Übrigens: Am Faulhorn kann man auch übernachten, was seinen besonderen Reiz hat, oder – noch spannender – bei Vollmond von der Schynigen Platte zum Gipfel und zum Sonnenaufgang wandern.

Der Wegverlauf

Die Höhenwanderung beginnt ganz gemütlich: Von der Bahnstation **Schynige Platte** (1967 m) führt der viel begangene Weg über die Almwiesen von Oberberg flach zum Louchera Grätli (1985 m), wo der Panorama-Rundweg mündet (→ **Variante**). Nun geht es mit herrlich freier Sicht auf Eiger–Mönch–Jungfrau südlich um das Loucherhorn herum. Am Güwtürli (2019 m), einem Felsentor, betritt man das Hochkar von Güw, auf der Egg (2125 m; 1:30 Std.) verlässt man es wieder. Weiter sanft steigend über dem weltabgeschiedenen Sägistal zum Gratausläufer der Indri Sägissa

Hoch oben, tief drunten: Blick vom Faulhorn auf den Brienzer See.

12

mit schönem Tiefblick auf den Sägistalsee (1937 m). Für einen Zwischenhalt bietet sich dann das **Berghaus Mändlenen** (Weberhütte, 2344 m) an (2:30 Std.), das in der Senke unter dem Winteregg steht. Durch dessen felsige Nordflanke hinauf zum Grat und weiter ansteigend gegen den Westgrat des **Faulhorns** (2681 m). Quer über die Südflanke zur Einmündung des von First kommenden breiten Pfades und in ein paar kurzen Kehren zum Gipfel mit Gasthaus und Riesenpanorama (3:45 Std.).

Nach Gipfel- und Gaumenschmaus geht's zunächst bergab zum Gassenboden (2553 m), auf den Zustieg von der Bussalp mündet (→ Tour 13). Unter den düster-brüchigen Felsen des Simelihorns wandert man hinab zum **Bachsee** (2265 m; 5 Std.), wo das nächste Foto-Shooting fällig wird: Hauptdarsteller sind die beiden markanten Felshörner von Schreck- und Finsteraarhorn, die sich in dem kalten Gewässer spiegeln. Die Kulissenberge von Grindelwald bleiben auch auf dem

12

Tipp

Ein paar Mal im Sommer bedient die Zahnradbahn zur Schynigen Platte Frühaufsteher und Nachtschwärmer. Im Juli und August fährt jeweils am Mittwoch ein Zug in Wilderswil um 5.40 Uhr ab, dreimal pro Saison kann man auf der Schynigen Platte um 0.45 Uhr zur Vollmondwanderung aufs Faulhorn starten – zum Sonnenaufgang!
Die grandiosen Dämmerstunden, abends wie morgens, kann der genießen, der gleich im Berghotel Faulhorn übernachtet; Tel. 033/853 27 13.

Weiterweg, der über Chamlisegg (2245 m) hinüberläuft zur Seilbahnstation **First** (2166 m; 5:45 Std.) im Blickfeld.

Variante

Kürzer als die Faulhorn-Überschreitung, aber ebenfalls sehr abwechslungs- und aussichtsreich ist der »Panorama-Rundweg«. Er führt von der Schynigen Platte unter dem Felszacken des Gumihorns hindurch auf die Tuba (2076 m), dann am Grat entlang, das Oberberghorn (2069 m; Abstecher) südseitig umgehend, zum Louchera-Grätli (1985 m) und über die Alp Oberberg (1923 m) zurück zur Bahnstation (2 Std.). Schwindelfreiheit und ein sicherer Tritt sind notwendig. Verbindet man den »Panoramaweg« mit einer Überschreitung des Faulhorns, ergibt sich eine Gesamtgehzeit von etwa 7 Std.

Was für ein Panorama! Eiger, Mönch und Jungfrau von der Terrasse des Berghotels Faulhorn.

13 Höhenweg 2000

Zwischen Tal und Gipfel: Bussalp – Höhenweg 2000 – Waldspitz – Grindelwald

leicht

13 km

4 Std.

↑480 m ↓1240 m

ja

Tourencharakter: Gemütliche Höhenwanderung mit wenig Steigung, aber viel Aussicht. Teilweise etwas raue Bergwege.
Beste Jahreszeit: Ende Juni bis Anfang Oktober.
Ausgangspunkt: Bussalp (1798 m) oberhalb von Grindelwald.
Endpunkt: Grindelwald (1034 m).
Kleine Varianten: Talfahrt ab Waldspitz (1903 m) mit dem Grindelwald-Bus oder ab Bort (1565 m) mit der Gondelbahn. Gesamtgehzeit 2 ½ bzw. 3 Std.
Wanderkarten: Landeskarte der Schweiz 1:50 000, Blatt 254T »Interlaken« mit Wanderwegeaufdruck; Landeskarte der Schweiz 1:25 000, Blatt 2520 »Jungfrau-Region«; Kümmerly+Frey 1:60 000 »Jungfrau-Region–Oberhasli«.
Markierung: Weiß-rot-weiß, im Abstieg auch gelb; gelbe Wegzeiger.
Verkehrsanbindung: Grindelwald erreicht man von Interlaken per Bahn oder über eine gute Straße. Gebührenpflichtige Parkplätze am Bahnhof und im weiteren Ortsbereich. Der Grindelwald-Bus fährt Bussalp und Waldspitz an, von Ende Juni bis Anfang Oktober.
Einkehr: Restaurant Bussalp (1798 m), Restaurant Waldspitz (1903 m).
Tourist-Info: Grindelwald Tourismus, Postfach 124, CH-3818 Grindelwald; Tel. +41(0)33 854 12 12, Fax 854 12 10, E-Mail touristcenter@grindelwald.ch, Internet www.grindelwald.ch.

Es muss nicht unbedingt das Faulhorn sein. Die einmalige Grindelwalder Gipfelparade – vom Wetterhorn (3692 m) über Eiger und Mönch bis zur Jungfrau (4158 m) – lässt sich auch sehr schön von einem der Hang- bzw. Höhenwege aus genießen, die an der sonnseitigen Talflanke oberhalb des Gletscherdorfes verlaufen. Dabei sind verschiedene Varianten möglich (u. a. Höhenwege 1400, 1600, 2000), den jeweiligen Ausgangspunkt erreicht man bequem per Bus oder mit der First-Gondelbahn. Besonders reizvoll ist der »Höhen-

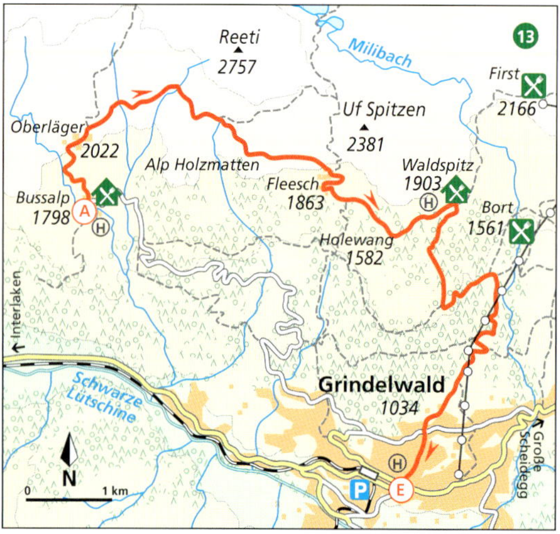

13

Viertausender über Grindelwald: Schreckhorn (links) und Fiescherhorn.

weg 2000«, verläuft diese gut markierte Route doch über weite Strecken an oder knapp über der Waldgrenze, was entsprechend viel Aussicht garantiert. Und beim Abstieg von Waldspitz nach Bort kann man sich noch über die Rolle des Waldes im alpinen Ökosystem informieren (Lehrpfad).

Wegverlauf

Von der **Bussalp** (1798 m) führt ein markierter Weg, die Straßenschleife abkürzend, hinauf zum Oberläger (2022 m). Bei den oberen Hütten rechts und leicht steigend in den vom Simelihorn herabziehenden Graben. Man quert ihn zur Alp Holzmatten, einem besonders schönen Aussichtspunkt. Der Höhenweg steigt noch kurz an zu einer Verzweigung (2187 m; Tafeln) und quert dann, erst steil absteigend, die Südhänge des Reeti (2757 m), nähert sich dabei den Felsen der Uf Spitzen (2331 m). Unterhalb der Alphütten von Fleesch stößt man auf einen breiten Fahrweg. Man verlässt ihn bald wieder nach links und folgt dem schmalen Pfad, der mit einigem Auf und Ab durch ein bewaldetes Bergsturzgelände verläuft. Am Dirrenegg mündet er in die Zufahrt zum **Waldspitz** (1903 m; 2:30 Std.).
Gut hundert Meter vor dem Restaurant, das zu einer Rast vor großer Kulisse einlädt, zweigt rechts der schön angelegte Waldlehrpfad ab. Er führt hinunter zum »Höhenweg 1600«, über den man rasch zur Seilbahnstation Bort (1561 m) kommt. Der weitere Abstieg nach **Grindelwald** (1034 m; 4 Std.) ist bestens ausgeschildert, aber nichts für Eilige: Die Aussicht auf die immer höher in den Himmel steigenden Gipfel muss man mit Muße genießen.

14 Glecksteinhütte, 2317 m

Schmaler Pfad am Wetterhorn: Hotel Wetterhorn – Ischpfad – Glecksteinhütte

anspr.

11 km

6 Std.

↑1190 m
↓1190 m

Tourencharakter: Hüttenwanderung für höhenerprobte Fußgänger ohne Angst vor der Tiefe. Sehr schön angelegter Steig mit längeren gesicherten Passagen, grandiose Hochgebirgskulisse mit dem Schreckhorn als Blickfang.
Beste Jahreszeit: Juli bis Anfang Oktober.
Ausgangs-/Endpunkt: Hotel Wetterhorn (1230 m) an der Straße zur Großen Scheidegg.
Wanderkarten: Landeskarte der Schweiz 1:50 000, Blatt 254T »Interlaken« mit Wanderwegeaufdruck; Landeskarte der Schweiz 1:25 000, Blatt 2520 »Jungfrau-Region«; Kümmerly+Frey 1:60 000 »Jungfrau-Region–Hasliberg«.
Markierung: Weiß-rot-weiß, gelbe Wegzeiger.
Verkehrsanbindung: Grindelwald erreicht man von Interlaken mit der Bahn oder über eine gute Straße, 20 km. Weiterfahrt bis zum großen (gebührenpflichtigen) Parkplatz beim Hotel Wetterhorn (1230 m) möglich, 4 km. Ab Bahnhof Grindelwald auch mit dem Grindelwald-Bus.
Einkehr/Unterkunft: Glecksteinhütte (2317 m), bewirtschaftet Juli bis September, im Juni und Oktober nur zeitweise; Tel. 033/853 11 40.
Tourist-Info: Grindelwald Tourismus, Postfach 124, CH-3818 Grindelwald; Tel. +41(0)33/854 12 12, Fax 854 12 10, E-Mail infocenter@grindelwald.ch, Internet www.grindelwald.ch.

Der Eiger mit seiner Nordwand mag Grindelwald mehr Schlagzeilen (und japanische Gäste) beschert haben, das markanteste Felsprofil in der berühmten Berner Hochgebirgsarena bietet eindeutig das **Wetterhorn** (3692 m). Und Geschichte wurde auch an diesem Berg geschrieben. 1908 nahm der Wetterhorn-Aufzug seinen Betrieb auf, als erste Personen-Seilschwebebahn der Welt!

Eisbruch des Oberen Grindelwaldgletschers.

14

Tipp

Vom Hotel Wetterhorn aus lohnt sich der kurze Abstecher zur Zunge des Oberen Grindelwaldgletschers. Ein markierter Weg führt ins Vorgelände des Gletschers und anschließend über 890 Treppenstufen hinauf zur Gletscherbar (1373 m), 1/2 Std. Geöffnet Mitte Mai bis Ende Oktober.
Packende Eindrücke vermittelt auch der Abstecher über den »Leiternweg« hinauf zum oberen Gletscher. Der kühn trassierte Steig schlängelt sich vom Restaurant Milchbach (1348 m) über Felsstufen und durch eine Steilrinne hinauf zu der Geländeterrasse oberhalb des Eises. Ab Hotel Wetterhorn hin und zurück 2 1/2 Std.; Trittsicherheit unerlässlich!

Sie sollte in vier Sektionen bis zum Gipfel (!) führen, doch setzte der Ausbruch des Ersten Weltkriegs und der damit verbundene Einbruch des Fremdenverkehrs dem wegweisenden Projekt ein jähes Ende. Neben dem Hotel Wetterhorn steht heute eine der beiden 16 Personen fassenden Kabinen. Erhalten blieb auch die Bergstation Engi (1670 m) hoch in den Felsen. Der Anstieg zur Glecksteinhütte führt unweit dieses Denkmals vorbei und bietet Gelegenheit, sich von der Kühnheit dieser Anlage ein Bild zu machen: 420 Meter Höhenunterschied überwand die Bahn auf eine Streckenlänge von 560 Metern!

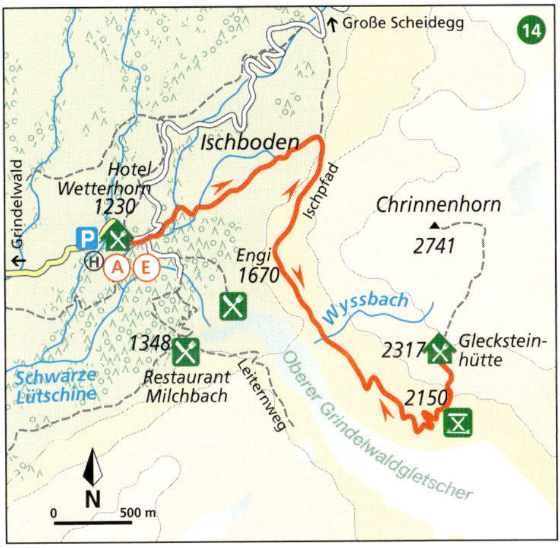

Fast das Dreifache an Steigung hat der Wanderer zu überwinden, ehe er sich auf der Terrasse vor der **Glecksteinhütte** (2317 m) niederlassen und die Aussicht genießen kann. Da fließt im Sommer der Schweiß reichlich, und weniger Bergerfahrene bekommen am gesicherten »Ischpfad« und auf den abschüssigen »Zybachs Platten« möglicherweise weiche Knie. Für Abkühlung sorgt zwischenzeitlich der Wyssbach, der direkt über den Weg herabstiebt. Und wer nach dem Hüttenanstieg noch Lust auf ein Gipfelerlebnis hat, kann sich das **Chrinnenhorn** (2741 m) vornehmen: 1 1/2 Stunden, weiß-blau-weiß markiert, über leichte Felsen und Geröll. Aus- und Tiefblicke entschädigen garantiert für die zusätzliche Anstrengung!

14

Ein Logenplatz: die Terrasse der Glecksteinhütte.

Der Wegverlauf

Vom Parkplatz beim **Hotel Wetterhorn** (1230 m) folgt man der Scheidegg-Straße kurz bis zur Abzweigung des Hüttenweges. Er quert zwei Zuflüsse der Schwarzen Lütschine und führt über den grünen Ischboden (= Eisboden) gegen einen teilweise bewaldeten, steilen Rücken. Mühsam hinauf zu den Felsen und nach rechts (Schneefeld) auf den »Ischpfad«. Er folgt, stetig an Höhe gewinnend, den schmalen, teilweise recht luftigen Bändern am Felssockel des Wetterhorns und biegt oberhalb der ehemaligen Seilbahnstation Engi (1670 m; 1:30 Std.) ab in das Tal des Oberen Grindelwaldgletschers. Nach kurzem Zwischenabstieg folgt die obligate Dusche durch den Wyssbach; danach quert der Weg ansteigend mächtige Plattenschüsse, ehe er in ein paar Kehren einen herrlichen Rastplatz (ca. 2150 m) vor der Eiskulisse des Oberen Grindelwaldgletschers gewinnt. Einen letzten, harmlosen Felsriegel übersteigt man linkshaltend (Drahtseile, Ketten), dann geht es über die steinigen Schafwiesen des Schneebiel hinauf und hinüber zur **Glecksteinhütte** (2317 m; 3:30 Std.). Abstieg nur auf dem Anstiegsweg.

Schreckhornhütte, 2529 m

15

Ins eisige Herz der Berner Hochalpen: Pfingstegg – Stieregg – Rots Gufer – Schreckhornhütte

anspr.
15 km
7 1/2 Std.
↑1200 m
↓1200 m

Tourencharakter: Landschaftlich einmalige Hüttenwanderung mit einigen gesicherten Passagen. Bergerfahrung, Ausdauer und ein sicherer Tritt sind unerlässlich. Bis zum Bänisegg leicht.
Beste Jahreszeit: Juli bis Ende September.
Ausgangs- und Endpunkt: Seilbahnstation Pfingstegg (1392 m).
Kleine Variante: Wanderung zum Stieregg, hin und zurück 2 1/4 Std.
Wanderkarten: Landeskarte der Schweiz 1:25 000, Blatt 2520 »Jungfrau-Region«; Kümmerly+Frey 1:60 000 »Jungfrau-Region–Oberhasli«.
Markierung: Weiß-rot-weiß und weiß-blau-weiß, gelbe Wegzeiger.
Verkehrsanbindung: Grindelwald hat Bahnverbindung mit Interlaken. Die Pfingstegg-Seilbahn verkehrt von Mai bis Oktober von 8.30–18 Uhr; Ende Juni bis Mitte September bis 19 Uhr.
Einkehr: Restaurant Pfingstegg (1392 m), Restaurant Stieregg (1650 m).
Unterkunft: Schreckhornhütte (2529 m), bewartet Ende Juni bis Ende September; Tel. 033/855 10 25.
Tourist-Info: Grindelwald Tourismus, Postfach 124, CH-3818 Grindelwald; Tel. +41(0)33/854 12 12, Fax 854 12 10, E-Mail touristcenter@grindelwald.ch, Internet www.grindelwald.ch.

Wenn's eine Wanderung in der üppigen Angebotspalette Grindelwalds gibt, die man sich bei schönem Wetter keinesfalls entgehen lassen sollte, dann ist es die Tour zur **Schreckhornhütte** (2529 m). Sie führt mitten hinein in die Region des »ewigen« Eises, in die grandiose Kulisse der zerklüfteten Gletscherströme um Eiger, Mönch, Walcher- und Fieschergrat. Den Auftakt machen packende Tiefblicke in den abgründigen Graben der Grindelwalder Gletscherschlucht. Auf der zweiten Weghälfte, die über bizarren Eiskatarakten des Oberen Eismeers zum Schutzhaus ansteigt, gibt es dann abschnittweise Felskontakt, ist also ein sicherer Tritt wichtig, etwas Kletterfertigkeit

Über dem Eismeer: Anstieg am Roten Gufer.

15

auch kein Nachteil. Dass man dann auf dem gleichen Weg absteigen muss, stört in diesem Fall, angesichts der unvergleichlichen Szenerie, überhaupt nicht.

Der Wegverlauf

Von der Seilbahnstation am **Pfingstegg** (1392 m) führt der Weg hoch über der Gletscherschlucht mit leichtem Höhenverlust taleinwärts, ehe er durch die Sockelfelsen des Mättenbergs gegen das Bäregg ansteigt. Hier wird ein erster Blick auf den Zusammenfluss der Eisströme des Fieschergletschers und des Unteren Eismeers frei. Agassizhorn und Fiescherhörner (4049 m), Mönch (4107 m) und Eiger ragen in den blauen Himmel. Eine kurze Felstraverse (Geländer) führt hinüber zum Restaurant **Stieregg** (1650 m; 1:15 Std.). Die Hütte steht scheinbar gefährlich nahe am Rand eines Geröllabbruchs. Der stark geschrumpfte Untere Grindelwaldgletscher hat hier extrem steile und entsprechend labile Randmoränen zurückgelassen.

Die Wegspur leitet über steinige Wiesen zu einem wilden Bergbach, den man auf einer Brücke trockenen Fußes passiert. Anschließend geht's leicht bergab, bevor der Pfad an dem licht bewaldeten Hang das **Bänisegg** (1808 m; 2 Std.), einen schönen Rastplatz, ansteuert. Dahinter steigt er an der felsdurchsetzten Talflanke über dem Oberen Eismeer an zum Felsriegel des **Roten Gufer**. Sicherungen (u. a. eine Leiter) helfen über den Steilaufschwung hinweg; faszinierend dabei die Tiefblicke auf den Gletscherbruch, von dem ein eisiger Hauch heraufweht. Ein felsiges Eck ist mit Ketten gesichert; die Wegspur führt über einen Geröll-

15

Tipp

Vom Pfingstegg verläuft ein interessanter Gesteinslehrpfad quer durch die Sockelfelsen des Mättengbergs hinüber zum Restaurant Milchbach (1348 m), mit Abstieg zum Hotel Wetterhorn etwa 1 1/4 Std.
Starke Eindrücke vermittelt ein Besuch der Gletscherschlucht. Ein kühn angelegter Steg führt fast einen Kilometer tief in den wilden, vom Eiswasser durchtosten Schlund. Am Eingang zur Klamm kommt man am Kristallmuseum vorbei, welches prächtige Mineralien aus den Berner Alpen zeigt.
Die Gletscherschlucht (Eintritt) ist Mitte Mai bis Anfang Juli und Ende August bis 20. Oktober 10–17 Uhr, Anfang Juli bis Ende August 9–18 Uhr geöffnet.
Im 19. Jahrhundert blühte am Unteren Grindelwaldgletscher der Eisabbau. 1863 beispielsweise förderte man bereits 17 433 Zentner, die dann bis nach Basel und Paris exportiert wurden. Um den Abtransport zu erleichtern, errichtete man 1877 eine etwa zwei Kilometer lange Rollbahn vom Eisbruch hinab nach Grindelwald Grund. Die Förderkapazität stieg auf täglich bis zu 1000 Zentner (kühlendes) Eis!

graben und steigt dann im Linksbogen hinauf zur **Schreckhornhütte** (2529 m; 4:30 Std.).
Abstieg auf dem Anstiegsweg (3 Std.). Statt mit der Seilbahn nach Grindelwald hinunterzufahren, kann man auch zu Fuß über einen markierten Weg ins Tal hinabwandern (zusätzlich 0:45 Std.).

Vor dem Stieregg öffnet sich der Blick ins »eisige Herz« des Berner Oberlandes.

16 Eiger-Trail

Im Banne der Nordwand: Kleine Scheidegg – Station Eigergletscher – »Eiger-Trail« – Alpiglen – Grindelwald

mittel

9 km

4 1/2 Std.

↑300 m ↓650 m

ja

Tourencharakter: Mäßig anstrengende Wanderung vor großer Kulisse. Bei Grindelwald Tourismus erfährt man, ober der Weg begehbar ist.
Beste Jahreszeit: Juni bis Mitte Oktober.
Ausgangspunkt: Bahnstation Kleine Scheidegg (2061 m).
Endpunkt: Grindelwald (1034 m).
Kleine Variante: Von Alpiglen (1616 m) mit der Bahn zurück nach Grindelwald; Gesamtgehzeit 3 Std.
Wanderkarten: Landeskarte der Schweiz 1:25 000, Blatt 2520 »Jungfrau-Region«; Kümmerly+Frey 1:60 000 »Jungfrau-Region–Oberhasli«.
Markierung: Weiß-rot-weiß, gelbe Wegzeiger.
Verkehrsanbindung: Bahnlinien Interlaken – Grindelwald und Grindelwald – Kleine Scheidegg – Wengen – Lauterbrunnen.
Einkehr/Unterkunft: Hotel des Alpes, Alpiglen (1616 m); Restaurant Brandegg (1332 m).
Tourist-Info: Grindelwald Tourismus, Postfach 124, CH-3818 Grindelwald; Tel. +41(0)33/854 12 12, Fax 854 12 10, E-Mail touristcenter@grindelwald.ch, Internet www.grindelwald.ch.

Die berühmteste aller Nordwände in den Alpen, jene des Eiger (3970 m), zieht auf dieser Wanderung (fast) alle Blicke auf sich: eine düstere Riesenmauer, die erst spät am Nachmittag ein paar

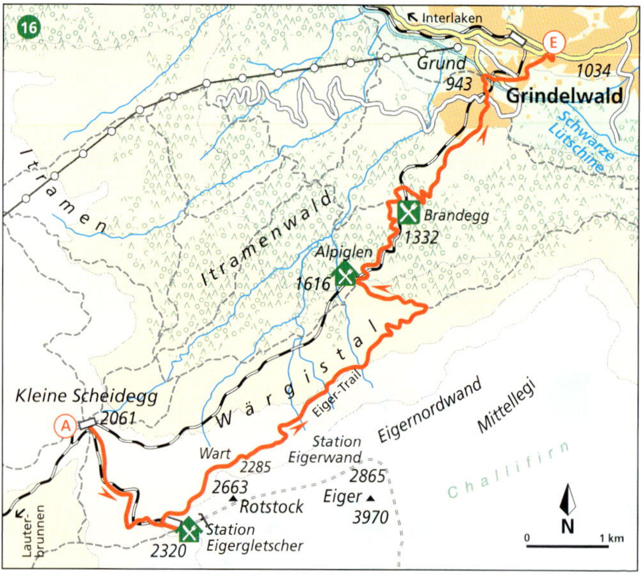

16

Sonnenstrahlen abbekommt. Erstmals durchstiegen wurde sie im Jahr 1938 von einer deutsch-österreichischen Seilschaft, nachdem zahlreiche Versuche gescheitert waren, manche tragisch. Gefährlich ist diese Klettertour bis heute geblieben, vor allem wegen der großen Steinschlaggefahr und der berüchtigten Wetterumstürze. Wer auf dem neu angelegten »Eiger-Trail« unterwegs ist, braucht beides nicht zu fürchten, der Weg hält Abstand zum Wandfuß, und bevor auf der Alp Wärgistal die ersten Regentropfen fallen, hat sich der Eiger schon lange in Wolken gehüllt.

Der Wegverlauf

Von der Bahnstation **Kleine Scheidegg** (2061 m) führt ein breiter, viel begangener Pfad mehr oder weniger parallel zur Trasse der Jungfraubahn hinauf zur Station **Eigergletscher** (2320 m; 0:45 Std.). Während des Anstiegs hat man ausreichend Gelegenheit, das grandiose Hochgebirgspanorama von Mönch (4107 m), Jungfrau (4158 m) und Silberhorn (3695 m) zu genießen. An der Bahnstation startet der gut markierte »Eiger-Trail«. Er leitet unter den Felstürmen des Rotstocks (2663 m) zunächst leicht abwärts, dann in kurzem Gegenanstieg auf den grünen Rücken der Wart (2285 m). Einmalig der Blick in die »Wand der Wände«, hoch in den Felsen sind die Fenster der Jungfraubahnstation Eigerwand (2865 m) zu sehen.

Nordwandkulisse: Wetterhorn (Mitte) und Eiger.

Am Weiterweg, der über Geröll absteigt gegen die Alp Wärgistal, wächst die Nordwand immer höher in den Himmel. Einen stimmungsvollen Kontrast zu dem eher bedrückenden Bild bietet die weite, grüne Talmulde von Grindelwald, im Osten dominiert vom markanten Profil des Wetterhorns (3692 m). Der »Eiger-Trail« passiert einige Wasserläufe, ehe er in Schleifen über eine harmlose Felszone absteigt nach **Alpiglen** (1616 m; 3 Std.).
Von der Bahnstation wandert man auf dem komfortabel ausgebauten Pfad über das Brandegg (1332 m) hinab zur Schwarzen Lütschine. Knapp hundert Meter höher liegt am Sonnenhang der Bahnhof von **Grindelwald** (1034 m; 4:30 Std.).

17 Kleine Scheidegg, 2061 m

Zu Fuß hinauf, mit der Bahn hinab: Trümmelbach – Stalden – Biglenalp – Haaregg – Kleine Scheidegg

mittel

12 km

5 Std.

↑1250 m

Tourencharakter: Der schönste, aber auch anspruchsvollste Weg zum Eiger-Nordwand-Blick; auf dem schmalen Pfad über der Trümmelbachschlucht ist ein sicherer Tritt wichtig. Und für die 1250 Höhenmeter etwas Ausdauer.
Beste Jahreszeit: Juni bis Mitte Oktober.
Ausgangspunkt: Trümmelbachfälle (819 m), knapp 3 km von Lauterbrunnen; Bushalt und großer Parkplatz.
Endpunkt: Bahnstation auf der Kleinen Scheidegg (2061 m).
Kleine Variante: Start in Wengen (1275 m), auf dem Höhenweg nach Stalden, dann wie beschrieben zur Kleinen Scheidegg; Gehzeit 3 3/4 Std.
Wanderkarten: Landeskarte 1:25 000, Blatt 2520 »Jungfrau Region«, Kümmerly+Frey 1:60 000 »Jungfrau-Region–Oberhasli«.
Markierung: Weiß-rot-weiß, gelbe Wegzeiger.
Verkehrsanbindung: Lauterbrunnen besitzt Bahnverbindung mit Interlaken; die Wengernalpbahn verkehrt ganzjährig auf der Strecke Lauterbrunnen – Wengen – Kleine Scheidegg.
Einkehr/Unterkunft: Auf der Kleinen Scheidegg (2061 m).
Tourist-Info: Wengen Tourismus, CH-3823 Wengen; Tel. +41(0)33/855 14 14, Fax 855 30 60, E-Mail info@wengen.ch, Internet www.wengen-muerren.ch.

Über die **Kleine Scheidegg** (2061 m) braucht man nicht viel Worte zu verlieren: ein Kristallisationspunkt des Oberländer Tourismus, an manchen Schönwettertagen im Sommer der möglicherweise verkehrsreichste Schweizer Bahnhof südlich von Bern,

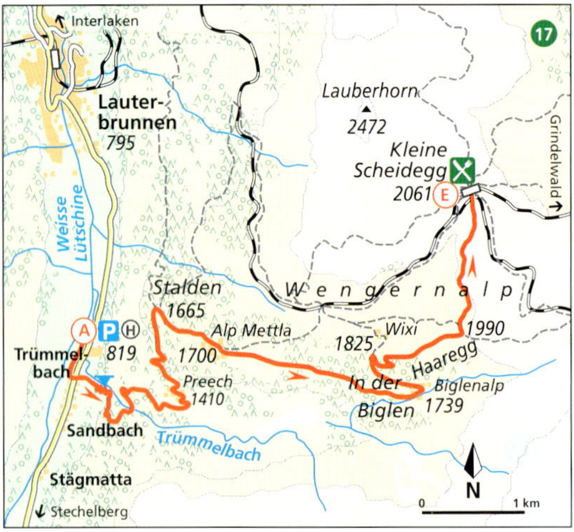

bevorzugtes Ausflugsziel vor allem für aus Asien kommende Gäste, und davon gibt es in Grindelwald nicht wenige. Lassen Sie sich nun faszinieren vom Blick in jene finstere Nordwand, die vor Jahrzehnten selbst bei seriösen Blättern ein Top-Thema war, in der sich Tragödien abspielten, Helden geboren wurden und so manches Bergsteiger-

17

Tipp

Lauterbrunnen – der Name verrät es – ist das Tal der Wasserfälle; rundum stieben die Wasser über senkrechte Felswände herab. Ein ganz ungewöhnliches Erlebnis vermitteln die Trümmelbach-Wasserfälle: insgesamt zehn (Gletscher-)Wasser-Kaskaden im Bergesinnern, durch einen Lift und einen kühn angelegten Steg zugänglich gemacht. Bis zu 20 000 Liter pro Sekunde tosen zwischen den glatt gescheuerten Felsen herab. Von April bis November geöffnet von 9–17 Uhr, Juli/August 8–18 Uhr. Zufahrt von Lauterbrunnen 3 km.

leben ein jähes Ende fand.

Fast alle kommen per Bahn, das geht gleichermaßen bequem von Grindelwald und von Wengen aus und bietet viel Aussicht; noch entschieden schöner ist allerdings die Wanderung aus dem Lauterbrunnental herauf über die Almen unter der Jungfrau. Eher düster der Auftakt neben der wilden Klamm der **Trümmelbachfälle** (→ Tipp); bereits mehr Aussicht bietet der Anstieg über steile, felsdurchsetzte Hänge nach Stalden, wo der schönste Wegabschnitt beginnt. Dabei rücken Mönch (4107 m) und Jungfrau (4158 m) allmählich näher, bis sie bei der Biglenalp buchstäblich himmelhoch ins Blau ragen.

Dieses Panorama genießt man auch am Weiterweg übers Haaregg. Einen finalen Kontrast setzt dann die Kleine Scheidegg: von der Stille mitten ins Gewusel, mitten hinein ins babylonische Sprachengewirr rund um den Bahnhof.

Der Wegverlauf

Vom Parkplatz **Trümmelbach** (819 m) folgt man kurz der Straße taleinwärts zu den ersten Häusern von Sandbach. Hier zweigt links der weiß-rot-weiß markierte Bergweg ab. Er führt in einigem Abstand vom Trümmelbach zum Felsfuß und steigt dann – mit Drahtseilen gut gesichert – im Zickzack über die Steilstufe an. Zur Linken stiebt der Trümmelbach im Bergesinnern herab. Knapp 300 Höhenmeter über dem flachen Talboden biegt der Serpentinenpfad um eine Schulter, um anschließend zum Trümmelbach abzusteigen (1 Std.). Eine Brücke überspannt das rauschende Wasser; dann geht's an steiler Berglehne weiter bergan nach Preech (1410 m; 2 Std.). Oberhalb der idyllischen kleinen Alm schwindelt sich der Pfad über eine Felsstufe; wenig später, auf der Lichtung von Stalden (1665 m), stößt man auf den von Wengen kommenden Höhenweg (→ Kleine Variante). Das Sandsträßchen führt nur leicht steigend zur Alp Mettla (1700 m). Wenig weiter, in einer Kehre, verlässt man die Piste und folgt dem

Viertausender über Almböden: Mönch und Jungfrau.

markierten Wanderweg, der mit herrlicher Aussicht auf Mönch und Jungfrau abwechselnd durch Wald und über grüne Matten »In die Biglen« (3:30 Std.) führt. Die **Biglenalp** (1739 m) selbst bleibt abseits. Das Steiglein beschreibt unter den Felsen der Wyssi Flue einen Linksbogen. An der Verzweigung kurz vor Wixi (1825 m) hält man sich rechts und folgt den Markierungen auf den baumfreien Rücken, der aussichtsreich gegen das **Haaregg** (1990 m) ansteigt. Nun hat man Sichtverbindung mit der Scheidegg; Blickfang bleiben allerdings die Giganten im Talschluss: Eiger, Mönch und Jungfrau. Der letzte Abschnitt des »schönsten Weges zur Kleinen Scheidegg« (Einschätzung des Autors) führt dann über die leicht sumpfigen Wiesen der Wengernalp in leichtem Auf und Ab zum Verkehrsknotenpunkt vor der Eiger-Nordwand (5 Std.).

Allmendhubel, 1907 m

18

Schauwandern vor den »Großen Drei«: Lauterbrunnen – Mürren – Allmendhubel – Grütschalp – Lauterbrunnen

mittel

17 km

5 3/4 Std.

↑1200 m ↓1200 m

Tourencharakter: Recht lange Wanderrunde vor einer grandiosen Hochgebirgskulisse. Durchwegs ordentliche, bestens bezeichnete Wege.
Beste Jahreszeit: Juni bis zum ersten Schnee im Herbst.
Ausgangs-/Endpunkt: Lauterbrunnen (795 m) im gleichnamigen Tal.
Kleine Varianten: Unter Einbeziehung der Bergbahnen lässt sich das Pensum fast beliebig variieren.
Wanderkarten: Landeskarte der Schweiz 1:25 000, Blatt 2520 »Jungfrau-Region«; Kümmerly+Frey 1:60 000 »Jungfrau-Region–Oberhasli«.
Markierung: Weiß-rot-weiß, gelbe Wegzeiger.
Verkehrsanbindung: Lauterbrunnen hat Bahnverbindung mit Interlaken und via Grütschalp mit Mürren. Die Standseilbahn Mürren – Allmendhubel verkehrt vom 20. Juni bis 20. Oktober jeweils von 9–17 Uhr.
Einkehr/Unterkunft: Zahlreiche Hotels und Restaurants in Mürren.
Einkehr: »Restaurant Sonnenberg« am Weg zum Allmendhubel; »Allmendhubel«.
Tourist-Info: Tourist Information Mürren, CH-3825 Mürren; Tel. +41(0)33/856 86 86, Fax 856 86 96, E-Mail info@muerren.ch, Internet www.wengen-muerren.ch.

Natürlich kann man ganz bequem mit der Bahn (aber nicht mit dem Auto!) nach **Mürren** fahren. Viel schöner ist es allerdings, auf dem alten Weg zu Fuß aus dem Lauterbrunnental hinaufzusteigen zu der einzigartigen Loge vor der Riesenphalanx von Eiger, Mönch und Jungfrau. Eine Etage höher führt der »Mountain View Trail«, ein markiertes Weglein, vom Allmendhubel (1907 m) zur Bletschenalp – wandern vor dem schönsten Panorama der Berner Alpen!

Eis, Fels und stürzende Wasser: im Lauterbrunnental.

18

Der Wegverlauf

Die Tour startet am Bahnhof **Lauterbrunnen** (795 m), führt auf einem Asphaltsträßchen im Ort bergan gegen den mächtigen Felsriegel über den »Lauter Brunnen«. Der berühmte Staubbachfall stürzt hier herunter. Am Gryfenbach gabelt sich der Weg: links geht es übers Wasser und dann in Kehren weiter, angenehm schattig und mit gelegentlichen Ausblicken. Das sehr eindrucksvolle Fels- und Eispanorama des Lauterbrunnentals entfaltet sich immer schöner, und schließlich spaziert man neben der Bahnlinie hinein in das autofreie **Mürren** (1645 m; 3 Std.).

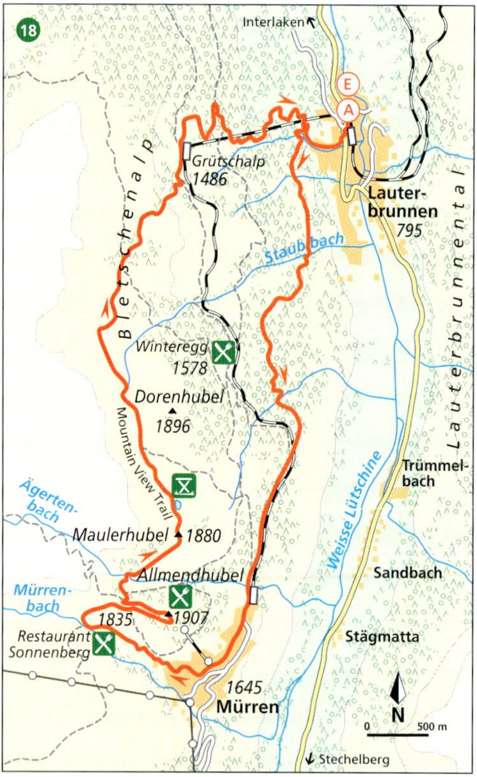

Auf der oberen Dorfstraße ist die Talstation der Allmendhubel-Standseilbahn rasch erreicht. Wenige Schritte weiter zweigt rechts der Fußweg zu dem (Aussichts-)Hubel ab. Nun zwischen Chalets bergan, am schön gelegenen Restaurant Sonnenberg (1835 m) vorbei und in einem Rechtsbogen von hinten auf den **Allmendhubel** (1907 m; 3:45 Std.).

Im Rücken des teilweise bewaldeten Buckels (Tafeln) beginnt die Höhenwanderung, die jede Menge »view« auf die berühmtesten »mountains« des Oberlands bietet. Der viel begangene Weg führt zunächst hinab zum Ägertenbach, umgeht dann in leichtem Auf und Ab den Maulerhubel (Rastbank oberhalb eines Tümpels), um schließlich den Dorenhubel anzusteuern. Dahinter steigt der Pfad über einen steinigen Hang hinunter zum Staubbach, bevor er nach einer längeren Hang-

18

Tipp

Wer das große Panorama der Berner Hochalpen für einmal ganz bequem genießen möchte, kann dies am besten am »Piz Gloria« (Schilthorn, 2970) tun. Eine Seilbahn überwindet die mehr als 2000 Höhenmeter zwischen dem Lauterbrunnental und dem Gipfel in einer halben Stunde, und oben im Drehrestaurant ziehen dann die Drei- und Viertausender im Zeitlupentempo vorbei. Die Bahn verkehrt von Mitte Juni bis Mitte November 7.25–18.00 Uhr.

querung von der Bletschenalp hinabzieht zur Bahnstation **Grütschalp** (1486m; 4:30 Std.).

Hier hat man dann die Wahl: gelenkschonend per Bahn oder zu Fuß über den teilweise etwas rauen Pfad hinunter nach **Lauterbrunnen** (5:45 Std.). Standseilbahn und Fußweg kreuzen sich dabei ein paar Mal. Wer per pedes unterwegs ist, hat mehr Zeit, die schönen Aus- und Tiefblicke zu genießen, z. B. in den Graben der Weissen Lütschine oder auf das sonnige (wie Mürren autofreie) Dorf Wengen (1275 m). Das letzte Postkartenmotiv liefern dann, am Ortsrand, Staubbach, der Schwarzmönch zusammen mit dem Grosshorn (3754 m), das die Szenerie gletscherweiß überstrahlt.

Oberlandriesen: Eiger und Mönch (4107 m).

19 Tanzbödeli, 2125 m

Natur pur im innersten Lauterbrunnental: Gimmelwald – Sefinental – Busen – Tanzbödeli – Obersteinberg – Trachsellauenen – Stechelberg

mittel

14 km

5 1/2 Std.

↑900 m
↓1400 m

Tourencharakter: Recht alpine Wanderrunde im innersten Lauterbrunnental; Trittsicherheit und etwas Ausdauer unerlässlich. Viel unberührte Natur, große Schau auf Drei- und Viertausender.
Beste Jahreszeit: Ende Juni bis Oktober.
Ausgangspunkt: Gimmelwald (1363 m).
Endpunkt: Talstation der Schilthorn-Seilbahn (862 m) in Stechelberg.
Kleine Variante: Bergabwanderung Gimmelwald – Sefinental – Stechelberg, 2 Std.
Wanderkarte: Landeskarte der Schweiz 1:50 000, Blatt 264T »Jungfrau« mit Wanderwegeaufdruck; Landeskarte 1:25 000, Blatt 1248 »Mürren«; Kümmerly+Frey 1:60 000 »Jungfrau-Region–Oberhasli«.
Markierung: Gelb und weiß-rot-weiß, gelbe Wegzeiger.
Verkehrsanbindung: Zwischen Lauterbrunnen (Bahnhof) und Stechelberg verkehrt ein Linienbus. Die Seilbahn Stechelberg – Gimmelwald verkehrt im Halbstundentakt ab 6.25 Uhr.
Einkehr: Busenalphütte (1841 m), Trachsellauenen (1202 m).
Einkehr/Unterkunft: Hotel Obersteinberg (1778 m), Hotel Tschingelhorn (1678 m).
Tourist-Info: Tourist Information Lauterbrunnen, Bahnhofplatz, CH-3822 Lauterbrunnen; Tel. +41(0)33/856 856 8, Fax 856 856 9, E-Mail Info@lauterbrunnen-tourismus-ch, Internet www.wengen-muerren.ch.

Am urtümlichsten und vom modernen Tourismus noch kaum tangiert zeigt sich das Lauterbrunnental ganz hinten, wo es Ammertental heißt. Hier ist das schöne Wort vom Einklang zwischen Mensch und Natur nicht bloß ein Werbeslogan, an den Bergen hängen keine Drahtseile, Straßen gibt es kaum, und die wenigen Gasthäuser sind heimelig-altertümliche Rifugien. Umso eindrucksvoller ist die Kulisse, felsig-wild, übersteil und blank gescheuert vom Gletschereis die Hänge, Geröllmassen im Talgrund, dazwischen rauscht das Wasser. Besiedelt wurde Ammerten im Spätmittelalter vom Lötschental her. Ammerta, heute nur mehr eine Sommeralm, war einst eine ständig bewohnte Siedlung.

Malerisches Oberland: im Sefinental.

Der Wegverlauf

Von der Station der Schilthornbahn (1363 m) spaziert man durch das Dörfchen **Gimmelwald**

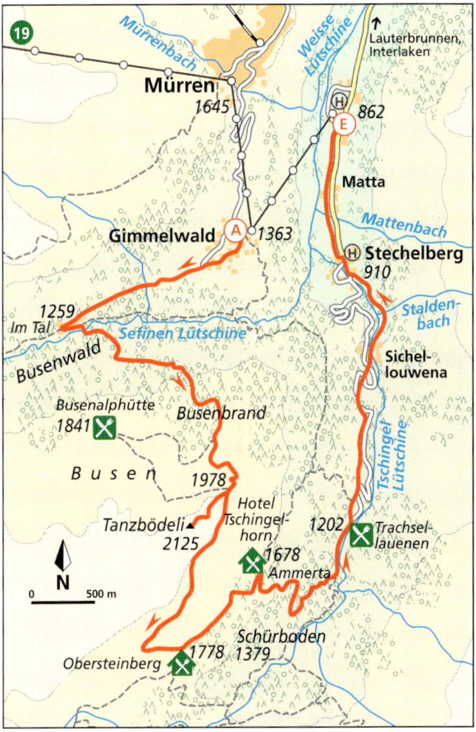

und folgt dann dem Sträßchen, das leicht fallend in das vom mächtigen Gspaltenhorn (3436 m) überragte Sefinental führt. Kurz vor den Hütten »Im Tal« (1259 m) links hinunter und auf solider Brücke über die Sefinen Lütschine. Der weiß-rot-weiß markierte Weg steigt im Busenwald steil an, überwindet einen Felsriegel und mündet dann in einen seichten Graben. Im Zickzack hinauf zum Busenbrand und weiter in das weite Almgelände der **Busenalp** mit bemerkenswertem Arvenbestand. Am Gsodboden steht die im Sommer nett bewirtschaftete Busenalphütte (1841 m; Abstecher 1/2 Std.) mit Prachtblick auf das Sefinental und seine Kulisse. Noch umfassender ist die Aussicht vom **Tanzbödeli** (2125 m; 3 Std.), zu dem man vom Grat (1978 m; Wegzeiger) in etwa einer halben Stunde aufsteigt. Von dem Wiesenboden präsentieren sich die Hochgipfel über dem inneren Lauterbrunnental von der Jungfrau (4158 m) über das Mittaghorn (3892 m) bis zum Tschingelhorn (3562 m).

Diese Schau genießt man auch am Weiterweg, der an abschüssiger Bergflanke zunächst flach, dann absteigend nach **Obersteinberg** (1778 m; 3:45 Std.) führt. Zwanzig Gehminuten weiter talauswärts steht jenseits des Schluchgrabens das **Berghotel Tschingelhorn** (1678 m). Hier beginnt der eigentliche Talabstieg, der in vielen Kehren über die verlassene Walsersiedlung Ammerta hinunterzieht nach Trachsellauenen (1202 m). Abseits der Straße wandert man talauswärts nach **Stechelberg** (910 m) und zurück zur Talstation der Schilthornbahn (5:30 Std.).

20 Beatushöhlen und Beatenberg, 1173 m

Einblicke und Aussichten am Thuner See: Seeuferstraße – Beatushöhlen – Beatenberg – »Pilgerweg« – Seeuferstraße

leicht

8 km

3 Std.

↑500 m
↓500 m

ja

Tourencharakter: Historisch-naturkundliche Exkursion, verbunden mit einem recht steilen Anstieg nach Beatenberg.
Beste Jahreszeit: Die Beatushöhlen sind von Palmsonntag bis zum dritten Sonntag im Oktober täglich von 10.30–17 Uhr geöffnet; Führungen etwa alle 30 Min.
Ausgangs-/Endpunkt: Bushalt bzw. Parkplatz »Beatushöhlen« an der Thuner-See-Noruferstraße (621 m).
Kleine Variante: Talfahrt zur Beatenbucht mit der Standseilbahn; Gehzeit dann 2 ½ Std.
Wanderkarten: Landeskarte der Schweiz 1:25 000, Blatt 2519 »Thuner See«; Kümmerly+Frey 1:60 000 »Saanenland–Simmental–Frutigland«.
Markierung: Gelb, weiß-rot-weiß, gelbe Wegzeiger.
Verkehrsanbindung: Die Beatushöhlen erreicht man über die Thuner-See-Norduferstraße, 6 km von Interlaken. Gute Bus- und Schiffverbindungen.
Einkehr: Am Eingang zu den Beatushöhlen, Beatenberg.
Tourist-Info: Beatenberg Tourismus, CH-3803 Beatenberg; Tel. +41(0)33/841 18 18, Fax 841 18 08, E-Mail info@beatenberg.ch, Internet www.beatenberg.ch.

Ein Besuch der **Beatushöhlen** führt nicht nur ins Bergesinnere, sondern auch weit zurück in die Geschichte. Die Höhle am Fuß der Gsteigleflue diente nachweislich Steinzeitmenschen als Behausung, ob allerdings der irische Mönch und Drachenbändiger Beatus im 6. Jahrhundert hier lebte, ist historisch nicht belegt. Begründet wurde die Wallfahrt, die im 15. Jahrhundert ihre Blütezeit hatte, von Augustinern aus Interlaken. Nach der Reformation verbot die Berner Regierung alle Pilgerfahrten – mit nur mäßigem Erfolg. Heute pilgern vor allem Touristen nach St. Beatus und lassen sich vor Ort von der phantastischen Szenerie mit ihren Tropfsteingebilden und Tümpeln verzaubern. Insgesamt wurde das verzweigte Höhlensystem bis heute auf einer Länge von 14 Kilometern erforscht; rund ein Kilometer ist als gut beleuchteter Höhlenweg allgemein zugänglich. Am Weg zum Eingang kommt man am besu-

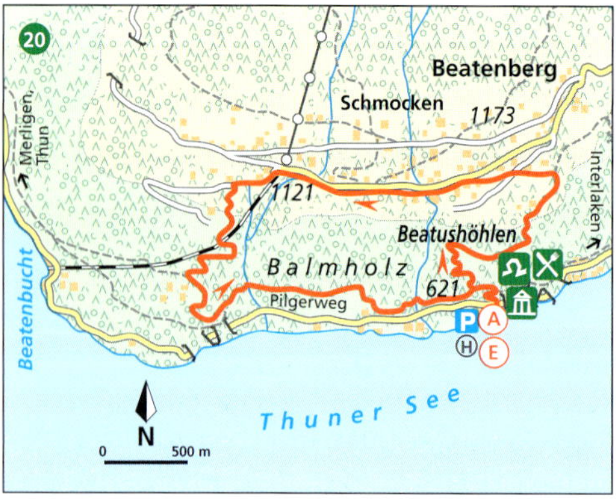

20

Tipp

Wer das ganz große Panorama der Berner Hochalpen genießen will und mühelos dazu, fährt mit der Gondelbahn hinauf zum Niederhorn (1950 m). Gemütliche Bergabwanderung über Flösch und Vorsess (1581 m) nach Beatenberg/Schmocken (1 3/4 Std.).

chenswerten Höhlenmuseum vorbei.

Der Wegverlauf

Vom Parkplatz an der Uferstraße (621 m) führt ein schön ausgebauter Zickzackweg durch den gepflegten Höhlenpark, vorbei am Museum, zu dem malerischen Gebäudekomplex vor dem Eingang der **Beatushöhlen**. Ganz in der Nähe liegen auch die Mauerreste der ehemaligen Pilgerherberge, die als »viel rych Wirtshus« eine reichlich sprudelnde Einnahmequelle für das Kloster Interlaken war.

Nach dem (kühlen!) Abstecher ins künstlich erhellte Bergesinnere folgt man kurz dem historischen »Pilgerweg«, bis rechts eine Wegtafel nach Beatenberg weist. Der Pfad steigt in Serpentinen an dem licht bewaldeten Steilhang bergan, schwindelt sich dann über die Felsbarriere zu einem »Guck-ins-Land« mit Prachtblick auf den Thuner See, das Morgenberghorn und den Niesen. Angenehm schattig, aber für eine Weile ohne Aussicht geht es anschließend hinauf zur Sonnenterrasse von **Beatenberg** (1173 m; 1:30 Std.). Über dem langgestreckten Rücken des Därlinggrats zeigen sich nun die »großen Drei« des Oberlands: Eiger, Mönch und Jungfrau.

Beatenberg erreicht man auch ganz bequem mit der Standseilbahn.

Auf der Dorfstraße spaziert man, vorbei an der Architektursünde des Dorint-Hotels, zur Bergstation der vom Thuner See heraufkommenden Bahn (1121 m) im Ortsteil **Schmocken**. Wer sich nicht dem Drahtseil anvertrauen mag, steigt auf dem markierten Pfad ab zum See. An der Verzweigung oberhalb von Äbnit hält man sich links, und wenig später ist der von Merligen kommende »Pilgerweg« erreicht. Er führt in leichtem Auf und Ab durch das Naturschutzgebiet des Balmholzes hinüber zu den Beatushöhlen, umgeht dabei einen riesigen Steinbruch auf der Bergseite. Durch den Höhlenpark steigt man hinunter zur Straße (3 Std.).

21 Sigriswiler Rothorn, 2051 m

Schroffer Kalkfels über grünen Matten: Schwanden-Sagi – Wilerallmi – Unterbergli – Oberbergli – Sigriswiler Rothorn – Berglikehle – Schwanden-Sagi

anspr.

15 km

6 Std.

↑1000 m
↓1000 m

Tourencharakter: Aussichtsreiche Gipfeltour, auf kürzeren Abschnitten felsig, weshalb ein sicherer Tritt unerlässlich ist. Vorsicht: Nach Regenfällen werden die Wege gefährlich rutschig; bei Schnee sind manche Klüfte auf den Karren nur schwer zu erkennen!
Beste Jahreszeit: Ende Juni bis zum ersten Schnee im Herbst.
Ausgangs-/Endpunkt: Postbushalt bzw. Wanderparkplatz Sagi (1077 m) bei Schwanden.
Kleine Variante: Wenn man den Gipfel auslässt und von Oberbergli absteigt, reduziert sich die Gesamtgehzeit auf 4 3/4 Std.
Wanderkarten: Landeskarte der Schweiz 1:50 000, Blatt 254T »Interlaken« mit Wanderwegeaufdruck; Landeskarte der Schweiz 1:25 000, Blatt 2519 »Thuner See«; Kümmerly+Frey 1:60 000, Blatt »Jungfrau-Region–Oberhasli«.
Markierung: Gelb und weiß-rot-weiß, gelbe Wegzeiger.
Verkehrsanbindung: Schwanden-Sagi (1077 m) erreicht man vom Nordufer des Thuner Sees über ordentlich ausgebaute Straßen ab Längenschachen und Gunten via Sigriswil, je 7 km. Postbusverbindungen ab Thun; Wanderparkplatz Sagi.
Einkehr: Gasthäuser in Schwanden.
Tourist-Info: Thunersee Tourismus, Postfach, CH-3602 Thun; Tel. +41(0)33/251 00 00, Fax 251 00 88, E-Mail info@thunersee.ch, Internet www.thunersee.ch

Der Sigriswilergrat mit dem **Rothorn** (2051 m) als höchster Erhebung dominiert neben dem von einem mächtigen Antennenturm gekrönten Niederhorn (1950 m) das nördliche, rechte Ufer des Thuner Sees. Schaut man von Süden übers Wasser, zeigt sich der

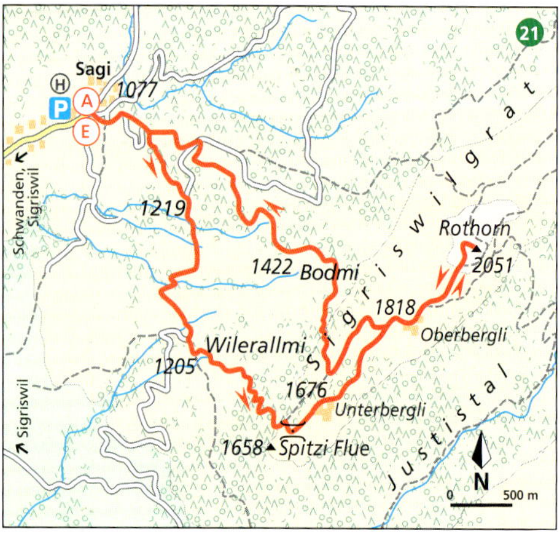

langgestreckte Kamm als mehrgipfliges Massiv, dem bizarre Zacken entragen. Doch erst der Augenschein vor Ort lässt erkennen, dass sich zwischen den Graten idyllische Almen, malerisch-verwunschene Tälchen und ausgedehnte Karrenfelder verbergen. Viel Aussicht gibt es dabei auch, beim Weg zum Gipfel tauchen über dem felsig-breiten Güggisgrat sogar Eiger, Mönch und Jung-

21

> **Tipp**
> Trittsichere, ausdauernde Berggänger können den gesamten Sigriswiler Grat bis zum Burst (1968 m) auf markierten Wegen überschreiten; Aufstieg zum Rothorn wie beschrieben. Zurück bis zur Verzweigung unter dem Gipfel, dann auf Felsbändern zum Vorderen Schafläger, um das Mittaghorn (2014 m) herum zum Hinderen Schafläger und auf den Burst. Abstieg zum Obers Hörnli (1489 m), dann teilweise auf Alpstraßen zurück nach Schwanden-Sagi. Gesamtgehzeit etwa 8 1/2 Std.

frau (4158 m) als majestätisches Dreigestirn auf, links flankiert vom Schreckhorn. Im Frühsommer blüht es auf den Wiesen und zwischen den Steinen artenreich, auf Hangterrassen und Felsbändern sind Gämsen zuhause. Drüben in den Abstürzen der Niederhornflue nistet der Adler. Mit etwas Glück (und einem Fernglas) lässt sich der König der Lüfte dabei beobachten, wie er – geschickt die Thermik nutzend – über dem Justistal seine Kreise zieht.

Der Wegverlauf

Die Gipfeltour startet auf Asphalt, führt von **Schwanden-Sagi** (1077 m) in ein paar Schleifen bergan. An der Straßengabelung (1219 m) geradeaus, noch etwas ansteigend, dann abwärts zu einem Bauernhof. Auf den Wiesen weidet im Sommer das Vieh, wenn im Winter genug Schnee liegt, surren ein paar Lifte, wird vor dem schönen Thuner-See-Panorama eifrig gewedelt. Auf einer Sandpiste wandert man flach hinüber nach **Wilerallmi** (1205 m; 1 Std.), wo der eigentliche Anstieg beginnt. Die Markierungen leiten über Wiesen hinauf gegen den Howald, dann im Zickzack bergan gegen einen Felsriegel. Eine Steilrinne ermöglicht den Aufstieg zur Verzweigung am unteren Ende des Chäle-Grabens. Hier folgt man dem rechten Weg, der zwischen Felsen zu einem winzigen Sattel im Rücken der Spitzi Flue ansteigt. Dahinter öffnet sich unvermittelt ein bezaubernder Blick über den weiten Almboden von **Unterbergli** (1676 m; 2:15 Std.)

Am Gipfelaufbau des Rothorns muss man kurz etwas zupacken.

Berner Alpen über dem Thuner See; rechts der Niesen.

zum Niederhorn und weiter zu den Hochgipfeln der Berner Alpen. Mehr zu ahnen als zu sehen ist das tief zwischen Sigriswiler- und Güggisgrat eingelagerte Justistal.

Der Weiterweg führt, zuerst an einem Wiesenhang ansteigend, nach **Oberbergli** (1818 m; 2:45 Std.). Hinter der Alphütte erstreckt sich ein weitläufiges Karrengelände. Die Pfadspur verläuft über die vom Wasser zernagten Felsen hinauf zu der Verzweigung unter dem **Rothorn** (1891 m; Tafel). Links leiten Farbtupfer durch Geröll zum Ansatzpunkt des Nordwestgrats. Nun in unschwieriger Kletterei über eine kleine Felsstufe und an dem blockartigen Rücken zum Gipfel (3:30 Std.).

Man steigt auf dem Hinweg nach Oberbergli ab, biegt dann auf den rechts abgehenden Weg ein, der über eine Scharte in ein kleines Paralleltälchen wechselt.

In einer malerisch-verwunschenen, von bizarren Felsen geprägten Kulisse geht's abwärts zur **Berglikehle** (1727 m; 4:30 Std.), einer schmalen Gratlücke. Jenseits zieht der Weg an dem steilen, teilweise bewaldeten Hang bergab (Achtung: an unmarkierter Verzweigung nach etwa 10 Min. geradeaus!) und hinaus in das weitläufige Almgelände von **Bodmi** (1422 m). Nun größtenteils abseits der geteerten Erschließungsstraße mit Aussicht zum Thuner See weiter abwärts und zurück nach **Schwanden-Sagi** (6 Std.).

BLS-Erlebnispfad

22

Wander- und Schienenwege im Kandertal: Kandersteg – Mitholz – Kandergrund – Frutigen

Tourencharakter: Lehr- und Schauwandern auf guten Wegen durch das Kandertal hinaus nach Frutigen; kaum Steigungen. Achtung: die Geleiseanlagen dürfen nicht betreten werden!
Beste Jahreszeit: Anfang Mai bis Ende Oktober.
Ausgangspunkt: Bahnhof Kandersteg (1176 m).
Endpunkt: Bahnhof Frutigen (780 m).
Kleine Variante: Kandersteg – Kandergrund 2 1/2 Std.
Wanderkarten: Landeskarte der Schweiz 1:50 000, Blätter 253T »Gantrisch« und 263T »Wildstrubel« mit Wanderwegeaufdruck; Kümmerly+Frey 1:60 000 »Saanenland–Simmental–Frutigland«.
Markierungen: Gelbe Rhomben und Wegzeiger, BLS-Erlebnispfad mit braunen Schildern und 45 Infotafeln zur Bahn.
Verkehrsanbindung: Kandersteg und Frutigen sind Stationen der internationalen Linie Bern – Lötschberg – Simplon (BLS). Buslinie Kandersteg – Mitholz – Kandergrund – Frutigen.
Einkehr: In den Ortschaften des Tals.
Tourist-Info: Kandersteg Tourismus, CH-3718 Kandersteg; Tel. +41(0)33/675 80 80, Fax 675 80 81, E-Mail info@kandersteg.ch, www.kandersteg.ch.

mittel
14 km
4 Std.
↓400 m
ja

Wer nach Kandersteg fährt, wird zuerst einmal mit einer Großbaustelle konfrontiert. Hier entsteht der Lötschberg-Basistunnel als zweite Alpen-Transitröhre neben dem St. Gotthard. Riesige Schilder informieren über das ehrgeizige Vorhaben, dessen wirtschaftliche Perspektive allerdings mancherorts bezweifelt wird.

Hier wird für den umweltfreundlichen Alpentransit gebaut.

22

Was im ostalpinen EU-Raum scheinbar unmöglich ist – der Bau eines Eisenbahn-Basistunnels, um das Straßennetz vom Schwerverkehr zu entlasten –, wird in der Schweiz gleich doppelt realisiert! Bis auf weiteres fahren die Züge der BLS aber noch nach Kandersteg, über zwei große Schleifen mit einem Spiraltunnel von Mitholz hinauf zum Eingang des »alten« Lötschbergtunnels, Baujahr 1913. Zum Achtzigjährigen wurde an der Nordrampe der »BLS-Erlebnispfad« eröffnet: wandern im Kandertal mit und neben der Eisenbahn!

Der Wegverlauf

Die Tour startet am Bahnhof **Kandersteg** (1176 m), führt dann zwischen den Geleisen und der Kander talauswärts nach Büel (1164 m). Während die Straße in vier Kehren hinabzieht in den Talgrund und die Bahnlinie bald in einem Tunnel verschwindet, steigt der »Höhenweg Nordrampe BLS« kurz an in einen Graben, quert dann mit einigem Auf und Ab das steile Bergsturzgelände von Mitholzallmi oberhalb der NEAT-Baustelle. Jenseits des Stegenbachs steht auf einem Geländerücken das Anwesen Uf der Flue (1:15 Std.); zurückschauend überblickt man von hier aus die eindrucksvolle Gebirgskulisse Kanderstegs. Talauswärts lässt sich die kühne Anlage der BLS mit ihren beiden Schleifen bis hinunter nach Mitholz verfolgen, und auf einer felsigen Anhöhe über dem Ort thront die Ruine Felsenburg.

22

Tipp

Von Mitholz aus empfiehlt sich ein Abstecher zum waldumsäumten Blausee (887 m), einem der beliebtesten Ausflugsziele der Region (Restaurant mit Forellenzucht). Große und kleine Kinder haben ihre Freude an einem Besuch des Tierparks Riegelsee (geöffnet Juni bis Oktober 9.30–18 Uhr).

Noch vor dem Graben des Rotbachs (Wegzeiger) geht es in steilem Zickzack hinunter zum Bahnhof **Mitholz** (974 m), wo allerdings keine Züge mehr halten (Bus im Ort). Mit den braunen Wegzeigern folgt man nun der leicht ansteigenden, in den teilweise bewaldeten Steilhang trassierten Doppelspur talauswärts. Dabei bieten sich schöne Ausblicke über das mittlere Kandertal. An dem Felssporn der Fürtfluh, die 1996 aufwändig gesichert wurde (Abbruchgefahr), beginnt der weitere Abstieg. Er verläuft zuletzt über komfortable Eisentreppen mit Geländer an einer fast senkrechten Felsstufe. Neben der BLS-Linie führt der Weg weiter zur frei stehenden Kirche von **Kandergrund** (879 m; 2:30 Std.), dann über den Spitz (980 m) zum alten Bahnhof in Ausser Kandergrund (859 m). Auf Feld- und Wiesenwegen spaziert man dann schließlich, vorbei an einigen sehenswerten alten Bauernhäusern, nach Hasli. Zwei hohe Viadukte der BLS überspannen hier die Kander; auf einer Anhöhe thront die Ruine der Tellenburg (13. Jh.). Der Fußweg folgt dem Fluss nach Kanderbrück (772 m). Zuletzt links zum Bahnhof von **Frutigen** (780 m; 4 Std.).

Komfortabler Weg in der Steilwand: BLS-Erlebnispfad.

23 Hohtürli, 2778 m

Vom schönsten See des Oberlands zum Hohen Tor: Liftstation Oeschinen – Oberbärgli – Hohtürli – Blümlisalphütte – Oeschinensee – Kandersteg

anspr.

18 km

7 3/4 Std.

↑1170 m ↓1660 m

Tourencharakter: Recht lange, anstrengende Pass- und Hüttenwanderung; gute Kondition und ein sicherer Tritt sind unerlässlich. Grandios die Gletscherwelt der Blüemlisalp, einmalig die Tiefblicke auf den Oeschinensee.
Beste Jahreszeit: Ende Juni bis Anfang Oktober.
Ausgangspunkt: Bergstation des Oeschinen-Sesselifts (1682 m).
Endpunkt: Kandersteg, Talstation des Oeschinen-Sessellifts (1195 m).
Kleine Variante: Liftstation Oeschinen – Heuberg – Oberbärgli – Unterbärgli – Oeschinensee – Kandersteg, Gehzeit 4 Std.
Hinweis: Natürlich kann man vom Pass auch zur Griesalp (1408 m) im inneren Kiental absteigen, markierter Bergweg; ab Oeschinen-Sessellift knapp 7 Std.
Wanderkarten: Landeskarte der Schweiz 1:50 000, Blatt 264T »Jungfrau« mit Wanderwegeaufdruck; Kümmerly+Frey 1:60 000 »Jungfrau-Region–Oberhasli«.
Markierung: Gelb und weiß-rot-weiß, gelbe Wegzeiger.
Verkehrsanbindung: Kandersteg ist Station der internationalen Bahnlinie Bern – Lötschberg – Simplon (BLS). Der Oeschinen-Sessellift verkehrt Mitte Mai bis Mitte Oktober von 8.45–16.50 Uhr, Mitte Juni bis Mitte September von 7.30–18.20 Uhr.
Einkehr/Unterkunft: Hotel-Restaurant Oeschinensee (1593 m), Berghaus am Oeschinensee (1593 m), Restaurant zur Sennhütte (1659 m); Blümlisalphütte (2834 m), bewirtschaftet Ende Juni bis Mitte Oktober, Tel. 033/676 14 37.
Tourist-Info: Kandersteg Tourismus, CH-3718 Kandersteg; Tel. +41(0)33/675 80 80, Fax 675 80 81, E. Mail info@kandersteg.ch, Internet www.kandersteg.ch.

Das berühmteste Landschaftsjuwel Kanderstegs verbirgt sich in einem felsumstandenen Talkessel am Fuß der Blüemlisalp (3661 m): der **Oeschinensee**. Das mehrgipflige, stark vergletscherte Massiv ist dann Blickfang am Weiterweg zum Hohtürli, der Pforte ins Kiental. Über der Scharte hockt die **Blümlisalphütte**, bloß noch ein paar Schritte vom Blüemlisalpgletscher.

Der Wegverlauf

23

Die Wanderung beginnt ganz gemütlich am dicken Drahtseil der Oeschinen-Sesselbahn. Von der Bergstation (1682 m) spaziert man mit den Ausflüglern auf dem Sandsträßchen zur Abzweigung des Hüttenwegs. Dieser steigt links, zunächst eine Geröllmulde passierend, an gegen die nur mehr licht bewaldeten Hänge oberhalb senkrechter Felsabbrüche. Am **Heuberg** (1940 m; 1 Std.) ist dann eine Pause fällig, bietet sich von dem Geländesporn doch ein faszinierender Vogelschaublick auf den **Oeschinensee** (1578 m).

Fels und Eis: die Blüemlisalp.

Der Weg steigt noch kurz an, läuft mit freier Aussicht über die grasigen Hangterrassen hinüber zum **Oberbärgli** (1978 m; 2 Std.). Dabei kommen die beiden Zungen des Blüemlisalpgletschers immer näher – trotz des klimabedingten Eisschwundes ein packender Anblick. Besonders schön präsentiert sich die eisige Szenerie vom Ansatzpunkt einer alten Seitenmoräne, etwa eine Gehstunde höher. Der Weg führt über den Geröllrücken zu einer Felsbarriere, gewinnt dann über steinige Wiesen ein breites Band, das in die Geröllmulde unter dem Schwarzhorn leitet. Pass und Hütte sind nun bereits recht nahe, die rund 200 Steigungsmeter über den steilen Schutthang bis ins Hohtürli (2778 m; 4:30 Std.) werden für manche/n aber zur echten Schinderei. Als Belohnung winken eine tolle Aussicht und – noch zehn Minuten höher – etwas Stärkendes aus der Küche der **Blümlisalphütte** (2834 m).

Beim Abstieg folgt man dem Hinweg bis zur Verzweigung am **Oberbärgli** (5:45 Std.). Nun links über eine Felsstufe (Sicherungen) hinunter ins Almgelände von Underbärgli (1726 m). Blickfang ist der felsumrahmte Oeschinensee, auch beim Weiterweg über seinem Nordufer. Vom unteren Seeende steigt man ab in das Tälchen des Öschibachs, nur abschnittweise auf der steilen Asphaltpiste. Zuletzt rechts über das breite Geröllbett zur Talstation des Oeschinen-Sessellifts (1195 m; 7:45 Std.) oder direkt hinein nach **Kandersteg**.

24 Lötschenpass – Hockenhorn, 3293 m

Einmal ganz hoch hinaus: Selden – Gfelalp – »Römerweg« – Lötschenpass – Hockenhorn

anspr.

18 km

9 1/4 Std.

↑1760 m
↓1760 m

Tourencharakter: Anspruchsvolle Gipfeltour, die man nur bei besten äußeren Bedingungen durchführen sollte. Bergerfahrung und eine gute Kondition sind unerlässlich; am »Römerweg« einige gesicherte Passagen, Gletscherquerung harmlos. Sehr lohnend auch schon die Passwanderung, die man auch bis Ferden (1375 m) fortsetzen kann. Gesamtgehzeit dann etwa 6 Std.; zurück nach Kandersteg via Goppenstein per Bus und Bahn (BLS).
Beste Jahreszeit: Juli bis September.
Ausgangs-/Endpunkt: Selden (1537 m) im Gasterntal.
Kleine Variante: Selden – Lötschenpass und zurück, 6 Std.
Wanderkarten: Landeskarte der Schweiz 1:50 000, Blatt 264T »Jungfrau« mit Wanderwegeaufdruck; Landeskarte der Schweiz 1:25 000, Blatt 1268 »Lötschenpass«; Kümmerly+Frey 1:60 000 »Saanenland–Simmental–Frutigland«.
Markierung: Weiß-rot-weiß und weiß-blau-weiß (»Römerweg«), gelbe Wegzeiger; zum Hockenhorn Steinmännchen.
Verkehrsanbindung: Kandersteg ist Station der internationalen Bahnlinie Bern – Lötschberg – Simplon (BLS). Ins Gasterntal führt ein schmales Sträßchen, bis Selden 7 km. Verkehr zeitlich geregelt: Bergfahrt jeweils ab halb für 20 Minuten, Talfahrt während der ersten 20 Minuten jeder Stunde. Mautpflichtig; es verkehren Kleinbusse ab Kandersteg.
Einkehr/Unterkunft: Gfelalp (1847 m), geöffnet Mai bis Oktober. Lötschenpasshütte (2690 m), bewirtschaftet Mitte Juni bis Ende Oktober; Tel. 027/939 19 81.
Tourist-Info: Kandersteg Tourismus, CH-3718 Kandersteg; Tel. +41(0)33/675 80 80, Fax 675 80 81, E-Mail info@kandersteg.ch, Internet www.kandersteg.ch.

Gesicherte Passage am »Römerweg«.

Das **Hockenhorn** (3293 m) gehört zu jenen Dreitausendern, die in einschlägigen Tourenführern stets mit dem Vermerk »leicht« versehen sind. Doch was heißt schon leicht, wenn etwa Nebelschwaden über den Lötschenpass ziehen oder es oben am langen Grat des Hockenhorns zu graupeln beginnt, wenn die vom Gletschereis rund geschliffenen Felsen glatt und rutschig werden?

Doch auch bei gutem Wetter ist die Besteigung des Hockenhorns kein Spaziergang: über 1700 Höhenmeter, am **»Römer-**

24

Tipp Im Gasterntal kann man auch übernachten, besonders romantisch im Berghotel Waldhaus, das bis heute über keinen elektrischen Strom verfügt. Umso gemütlicher dafür die Raclette am Kaminfeuer oder das Kartenstudium bei Kerzenlicht. Geöffnet von Juni bis Anfang Oktober; Tel. 033/673 32 69.

weg« gesicherte Passagen, Geröll und Blockwerk zum Gipfel hin. Da muss die Kondition schon stimmen, und einen sicheren Tritt braucht's ebenfalls. Grandios oben dann das Panorama, übers Rhonetal bis zu den Walliser Viertausendern und zum Mont Blanc reichend. Doch das verwundert wenig, schließlich »hockt« das Horn an strategisch günstiger Position direkt an der Wasserscheide zwischen Nord- und Südalpen.

Etwas irreführend ist die Bezeichnung »Römerweg« für die Trasse unterhalb des Lötschengletschers, weil nie eine römische Via über den Lötschenpass existierte. Begangen wurde der Pass aber schon viel früher, wie der sensationelle Fund von drei Pfeilbogen aus der Zeit um 3500 v.Chr. belegt – »Ötzi« lässt grüßen! Beim so genannten »Römerweg« handelt es sich um die Ende des 17. Jahrhunderts von den Bernern erbaute »Grafenriedsche Straße«. Sie umging die Gletscherzunge links (im Gegensatz zum »Alten Weg«, der rechts ansteigt und dann übers Eis führt), wurde 1992 vom Schweizer Zivilschutz rekonstruiert und mit Drahtseilen sowie einer kurzen Leiter gesichert.

Wer ins Wallis will, muss allerdings längst nicht mehr über den Berg. Seit 1913 ist der fast 15 Kilometer lange **Lötschbergtunnel** in Betrieb. Wohl nur noch für ein paar Jahre, denn mittlerweile fräsen sich riesige Bohrmaschinen viel tiefer und weiter durchs Gestein.

24

Der Wegverlauf

Vom Gasthaus Steinbock in **Selden** (1537 m) sind es nur ein paar Schritte hinab zur Kander, die auf leicht schwankender Hängebrücke überquert wird. Jenseits steigt der Weg rechts des Leitibachs, der stiebend über mehrere Kaskaden herabstürzt, im Zickzack bergan zum Berghaus **Gfelalp** (1847 m; 1 Std.). Nächste Station am Anstieg ist der flache Boden von Schönbüel (1993 m), wo sich der Weg gabelt: rechts zieht der »alte Weg« hinauf gegen die braune Zunge des Lötschengletschers, links führt der weiß-blau-weiß markierte »Römerweg« erst über den Bach, dann an einer Randmoräne aufwärts gegen eine Rinne. Man quert sie und folgt dem mit Drahtseilen gesicherten Zickzackweg über die Felsstufe. Eine abgerutschte Kurve wird mittels einer soliden Leiter abgekürzt. Der Pfad mündet schließlich auf felsdurchsetzte Wiesen. Von rechts kommt der »alte Weg« über den Gletscher (Stangenmarkierung). Auf der Randmoräne weiter ansteigend erreicht man die letzte Steilstufe (Drahtseile) vor der weiten Senke des **Lötschenpasses** (2690 m; 3:30 Std.) mit seinen grauen, vom Eis rund geschliffenen Felsbuckeln.

Felsbastion über dem Gasterntal: das Doldenhorn.

An einem Felsblock hinter der Passhütte ist »Hockenhorn, 2 Std.« zu lesen. Steinmännchen leiten über den breiten, teilweise mit Geröll bedeckten Rücken mäßig steil bergan. Mit etwas Glück kann man hier Steinböcke beobachten. Eine erste Felskuppe wird links umgangen, später auch der markante Zacken des Kleinhockenhorns (3163 m). Über Blockwerk und Firn führt die Spur gegen den gestuften Westgrat des **Hockenhorns** (3293 m) und über ihn zum höchsten Punkt (5:30 Std.).

Abstieg auf dem Anstiegsweg, wobei man mit Vorteil den »alten Weg« über den Lötschengletscher nimmt.

Gemmipass, 2322 m

Alter Weg ins Wallis: Kandersteg – Sunnbüel – Daubensee – Gemmipass

25

Tourencharakter: Leichte, wenn auch etwas lange Tal- und Passwanderung mit sanften Anstiegen. Abstieg von Stock nach Kandersteg alternativ (und Gelenke schonend) auch per Seilbahn.
Beste Jahreszeit: Mitte Juni bis Mitte Oktober.
Ausgangspunkt: Bergstation der Sunnbüel-Seilbahn (1934 m).
Endpunkt: Eggeschwand, Talstation der Sunnbüel-Seilbahn (1194 m).
Kleine Variante: Talfahrt ab Sunnbüel mit der Bahn; Gehzeit dann etwa 4 1/2 Std.
Wanderkarten: Landeskarte der Schweiz 1:50 000, Blatt 263T »Wildstrubel« mit Wanderwegeaufdruck; Kümmerly+Frey 1:60 000 »Saanenland–Simmental–Frutigland«.
Markierung: Weiß-rot-weiß, gelbe Wegzeiger.
Verkehrsanbindung: Kandersteg ist Station der internationalen Bahnlinie Bern – Lötschberg – Simplon (BLS). Die Seilbahn Kandersteg – Sunnbüel verkehrt im Juni 8.20–16.50 Uhr, Juli bis Mitte September 7.50–17.20 Uhr, Mitte September bis 20. Oktober 8.50–16.50 Uhr. Buszubringer vom Bahnhof Kandersteg.
Einkehr: Bergrestaurant Sunnbüel (1934 m) bei der Seilbahn.
Einkehr/Unterkunft: Berghotel Schwarenbach (2060 m), geöffnet Februar bis Ende Oktober; Berghotel Wildstrubel (2346 m), geöffnet Dezember bis Oktober.
Tourist-Info: Kandersteg Tourismus, CH-3718 Kandersteg; Tel. +41(0)33/675 80 80, Fax 675 80 81, E-Mail info@kandersteg.ch, Internet www.kandersteg.ch.

leicht
21 km
6 Std.
↑450 m
↓1190 m
ja

Auf Straßenkarten sucht man den **Gemmipass** (2322 m) vergebens, dabei gehört er doch zu den ältesten Alpenübergängen der Schweiz, einst wichtiger Transitweg vom Berner Oberland ins Wallis. Historischen Berichten kann man allerdings entnehmen, dass die Bergreise alles andere als angenehm gewesen sein muss. »Gelangt man an den fürchterlichen Weg, so setzt sich der Reisende mit dem Gesicht nach hinten gekehrt, lässt sich die Augen verbinden, und die Träger schreiten kräftigen Schrittes singend weiter.« Gemeint war der Abstieg über die jähe Gemmiwand nach Leukerbad, der in vielen Serpentinen verläuft – längst als

Walliser Nachbarschaft: Leukerbad am Fuß des Gemmipasses.

25

Wanderroute eine Attraktion des Walliser Kurortes. Tragen lassen sich die Reisenden auch heute noch gerne, von modernen Seilbahnen allerdings. Die führen von Leukerbad direkt zum Pass, von Kandersteg bis auf die Höhe der langgestrecken Talmulde, an deren Südende jener »fürchterliche Weg« ins Dalatal hinunterzieht. Er wurde Mitte des 18. Jahrhunderts von Tiroler Arbeitern angelegt; zu einer richtigen Straße reichte es allerdings nicht. So gehört die Gemmi nach wie vor den Wanderern. Und den Schafen, die im Sommer rund um den Daubensee weiden. Jeweils Ende Juli findet hier ein großes Schäferfest statt – auf Walliser Boden notabene, verläuft die Kantonsgrenze doch nicht über die Wasserscheide, sondern knapp südlich der Spittelmatte.

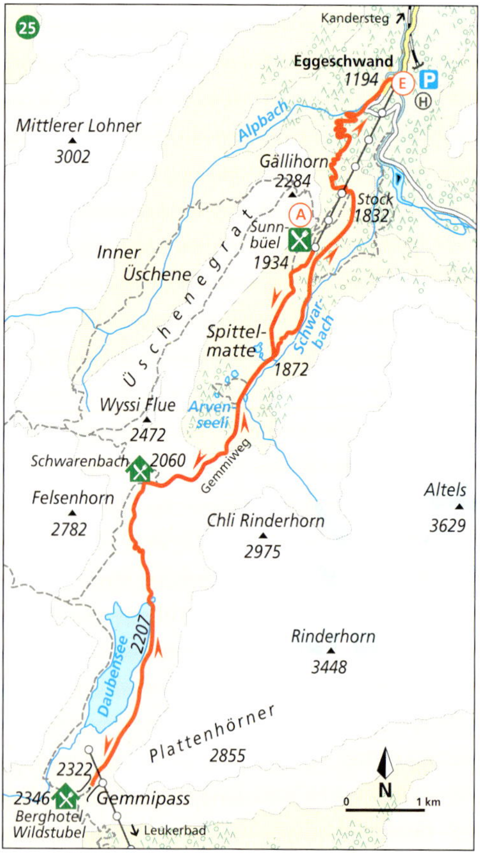

Der Wegverlauf

Von der Seilbahnstation **Sunnbüel** (1934 m) folgt man dem breiten Weg, der leicht fallend taleinwärts führt und an der Spittelmatte (1872 m) auf den alten Gemmiweg stößt. Die ausgedehnte Alp wurde am 11. September 1895 von einer riesigen Eislawine verwüstet, die sich hoch am Altels (3629 m) gelöst hatte. Heute ist von dem Gletscher nur mehr ein kümmerlicher Rest übrig geblieben. Zwischen den Bergsturztrümmern verbirgt sich rechts zwischen knorrigen Bäumen das Arvenseeli (Abstecher, etwa 1/4 Std.).

Auf Walliser Boden führt der Gemmiweg über eine

Tipp

Die Gemmi-Wanderung lässt sich gut um die Schleife über den Üschenegrat erweitern, bei etwas erhöhten Anforderungen, aber auch mit starken Eindrücken. Aufstieg von Sunnbüel zum Nordrücken des Gällihorns (2284 m), dann am Kamm zur Wysse Flue (2472 m) und über das Schwarzgrätli hinab nach Schwarenbach (2060 m), wo man wieder auf den Passweg stößt. Gehzeit mit Wanderung zum Gemmipass insgesamt 8 Std.

25

Talstufe zum **Hotel Schwarenbach** (2060 m; 1:15 Std.); über den Seestutz erreicht man dann den anderthalb Kilometer langen **Daubensee** (2207 m). Er besitzt keinen sichtbaren Abfluss, entwässert – wie Färbungsversuche gezeigt haben – unterirdisch nach Salgesch im Rhonetal. Der viel begangene Weg steigt am Ostufer des Gewässers sanft an zur Buckellandschaft des **Gemmipasses** (2322 m; 2:30 Std.). Einmalig der Blick auf die Walliser Hochalpen, die man von der Mischabel (4545 m) über das Matterhorn, die Dent Blanche bis zum Mont Collon überschaut. Und fast einen Kilometer tiefer, am Fuß der wildzerklüfteten Gemmiwand, liegt der Kurort Leukerbad (1402 m).

Der Abstieg führt auf dem Hinweg via Schwarenbach zurück zur **Spittelmatte** (4:15 Std.). An der Verzweigung nimmt man den rechten Weg, der – nur leicht fallend – mit schöner Aussicht zur wuchtigen Felsbastion des Doldenhorns (3638 m) übers Stierenbergli hinausleitet zur ehemaligen Seilbahnstation Stock (1832 m). Dahinter beginnt der steile Abstieg über die vielen so genannten »Walliser Kehren« nach Eggeschwand bzw. zur Talstation der Sunnbüel-Seilbahn (1194 m; 6 Std.).

Herbstschnee über der Gemmi.

26 First, 2548 m

Kandersteg aus der Vogelschau: Kandersteg – Golitschehöri – Stand – First – Allmenalp – Kandersteg

anspr.

16 km

7 1/2 Std.

↑1440 m
↓1440 m

Tourencharakter: Gipfeltour auf teilweise steilen Pfaden; Schwindelfreiheit und ein sicherer Tritt sind unerlässlich. Phantastisch die Tiefblicke ins Tal der Kander, packend die Schau zur Blüemlisalp.
Beste Jahreszeit: Mitte Juni bis zum ersten Schnee im Herbst.
Ausgangs-/Endpunkt: Bahnhof Kandersteg (1176 m); hier auch großer Parkplatz.
Kleine Variante: Talfahrt von der Allmenalp nach Kandersteg mit der Seilbahn; Gesamtgehzeit dann 5 3/4 Std.
Wanderkarte: Landeskarte der Schweiz 1:50 000, Blatt 263T »Wildstrubel« mit Wanderwegeaufdruck; Landeskarte der Schweiz 1:25 000, Blatt 1247 »Adelboden«; Kümmerly+Frey 1:60 000 »Saanenland–Simmental–Frutigland«.
Markierung: Weiß-rot-weiß, gelbe Wegzeiger.
Verkehrsanbindung: Kandersteg ist Station der internationalen Bahnlinie Bern – Lötschberg – Simplon (BLS). Die Luftseilbahn Kandersteg – Allmenalp verkehrt Juni und September bis Mitte Oktober von 8.30–17 Uhr, im Hochsommer von 7.30–18 Uhr.
Einkehr: Restaurant Allmenalp (1770 m).
Tourist-Info: Kandersteg Tourismus, CH-3718 Kandersteg; Tel. +41(0)33/675 80 80, Fax 675 80 81, E-Mail info@kandersteg.ch, Internet www.kandersteg.ch.

Stand und **First** (2548 m) sind Namen, die für sich sprechen. Da weiß man gleich, dass die Wege steil, die Aus- und vor allem die Tiefblicke dafür umso schöner sind. Fast anderthalb Kilometer über Kandersteg (1176 m) reckt das steinig-abschüssige Dach seinen »First« in den blauen Himmel. Von hoher Warte schaut man hinab auf die winzigen Züge der Lötschbergbahn, auf die Hausdächer des beliebten Ferienorts am Oberlauf der Kander. Dass es hier allerdings noch viel weiter hinaufgeht, beweist eindrucksvoll das Doldenhorn (3638 m), in der Luftlinie gerade acht Kilometer vom First entfernt. Der fels- und eisgepanzerte Klotz ist natürlich kein Wanderberg mehr. Wer ihn besteigen will, benötigt weit mehr als nur einen sicheren »Stand«.

Firngipfel über Kandersteg: die Blüemlisalp.

Der Wegverlauf

Die Tour startet am Bahnhof **Kandersteg** (1176 m), führt zunächst in ein paar Schleifen durch ein bewaldetes Bergsturzgelände »Auf die Höh«. An der Wegspinne (1290 m) folgt man dem schmalen, schwach markierten Pfad links der großen Hochspannungsleitung zum Felsfuß. Hier beginnt der eigentliche Anstieg, der schräg durch die felsige Flanke verläuft, dabei Steilabbrüche umgeht und sich schließlich bei einer Hütte (ca. 1610 m) in das Golitschetälchen wendet. Man überquert den Bach und steigt über Wiesenhänge hinauf zur Alphütte von **Golitsche** (1833 m), einem alten Holzbau in einmaliger Lage vor dem Hochalpenpanorama um Blüemlisalp und Balmhorn (3698 m). Freie Sicht auf die firnbedeckten Dreitausender genießt der Wanderer auch beim weiteren Anstieg über die ausgedehnte Alm zur **Golitschehöri** (2180 m; 3 Std.).

Die Fortsetzung des Weges führt unter den Felsen zunächst hinaus zum Nordostgrat des **Stand** (2320 m) und über einen steilen Edelweißhang zum geräumigen Gipfel. Nun an dem grasig-breiten Rücken abwärts in eine Senke (2280 m), dann wieder ansteigend in die Westflanke der Howang (2519 m). Weiter in leichtem Felsgelände zum Grat und über diesen (Drahtseile) zum **First** (2548 m; 4:30 Std.).

Der Abstiegsweg läuft über die sonnseitige Flanke des Berges im Zickzack hinunter zur **Allmenalp** (1788 m; 5:45 Std.), wo sich als Abstiegsalternative die Talfahrt per Seilbahn anbietet. Der Wanderweg führt in einem Bogen – kurz wieder ansteigend – hinüber zur Gratschulter des Hellhore (1795 m). Dahinter folgt man kurz dem Fahrsträßchen, bis links der Talweg abgeht. Er zieht über die Steilflanke, Felsabstürzen geschickt ausweichend, hinunter zur Kander. Dem rauschenden Bach entlang spaziert man zurück zum Bahnhof **Kandersteg** (7:30 Std.).

27 Albristhorn, 2763 m

Auf schmalen Pfaden zum höchsten Gipfel der Berner Voralpen:
Tschentenalp – »Gsürweg« – Furggeli – Albristhorn – Laveygrat – Sillerenbühl

anspr.

13 km

6 1/4 Std.

↑940 m
↓910 m

Tourencharakter: Anspruchsvolle Gipfelüberschreitung, die Bergerfahrung und einen sicheren Tritt verlangt. Unmarkierter, aber im Verlauf eindeutiger Weg über das Albristhorn mit einigen kurzen Passagen an der Grenze zur leichten Kletterei. Wichtig: gutes Wetter, keine Gewittergefahr!
Beste Jahreszeit: Ende Juni bis Anfang Oktober.
Ausgangspunkt: Bergstation der Gondelbahn Adelboden – Tschentenalp (1940 m).
Endpunkt: Liftstation Sillerenbühl (1973 m).
Kleine Variante: Von der Alp Furggi (2091 m) kann man auch via Hornbrügg nach Adelboden absteigen, insgesamt etwa 4 Std.
Wanderkarten: Landeskarte der Schweiz 1:25 000, Blatt 1247 »Adelboden«; Kümmerly+Frey 1:60 000 »Saanenland–Simmental–Frutigland«.
Markierung: »Gsürweg« weiß-blau-weiß, Aufstieg zum Furggeli, Tierberg – Laveygrat und Abstieg zum Sillerenbühl weiß-rot-weiß markiert.
Verkehrsanbindung: Linienbus Frutigen – Adelboden. Die Gondelbahn zur Tschentenalp (1940 m) verkehrt Anfang Juni bis Ende Oktober von 9–17 Uhr, die Gondelbahn Adelboden – Sillerenbühl von Mitte Juni bis Mitte Oktober 9–17 Uhr.
Einkehr/Unterkunft: Unterwegs keine; Restaurants an beiden Liftstationen.
Tourist-Info: Tourist Center, CH-3715 Adelboden; Tel. +41(0)33/673 80 80, Fax 673 80 92, E-Mail info@adelboden.ch, Internet www.adelboden.ch.

Den höchsten Punkt der langgestreckten Niesenkette, die Diemtig- und Engstligental trennt, markiert das **Albristhorn** (2763 m). Auffallender mit seinen steilen, von tiefen Gräben durchfurchten Flanken ist allerdings das Gsür (2708 m). Quer durch das weiche Schiefergestein seiner Südostflanke verläuft der Auftakt zur großen Überschreitung auf dem vor ein paar Jahren neu angelegten »Gsür-Weg« – ein spannender Gang, aber an keiner Stelle wirklich ausgesetzt. Wem die Knie unterwegs doch etwas weich geworden sind, der kann sich in der winzigen »Gsür-Bar« stärken – Hochprozentiges muss allerdings selbst mitgebracht werden.

Am Gipfelgrat des Albristhorns.

Hat man den Riesentrichter des Stigelbachs und seiner Zuflüsse einmal verlassen, verwandelt sich der Fels- wieder in einen Wiesenweg. Erst oberhalb des Furggeli, am Ostgrat des Albristhorns, wird das Gelände erneut anspruchsvoller, muss man gelegentlich die Hände zu Hilfe nehmen. Als Belohnung winkt am Gipfel ein fantastisches Panorama.

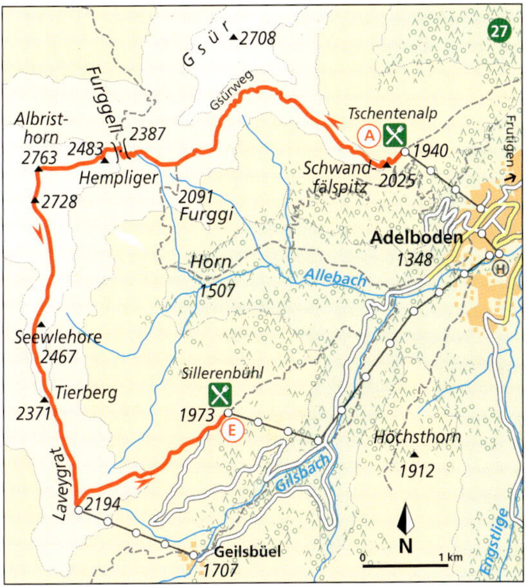

Der Wegverlauf

Erstes (kleines) Gipfelziel der großen Tour ist der Schwandfälspitz (2025 m), keine Viertelstunde von der Liftstation **Tschentenalp** (1940 m). Der Buckel bietet Aussicht auf die gesamte Bergkulisse von Adelboden. Im Blickfeld hat man auch die wildzerfurchte Südostflanke des Gsür. Der Weg folgt zunächst ansteigend dem Grasrücken und wendet sich dann in dessen Südhang. Unterhalb von Härdigs Höreli beginnt die spannende Querung. Vor dem Ausstieg lädt eine Bank (»Gsür-Bar«) zu einem Rückblick in die verwunschene Felsszenerie ein. Die Fortsetzung des Weges führt oberhalb des Chüebachgrabens hinüber zur Alp Furggi. An der Weggabelung (2 Std.) hält man sich rechts und folgt dem Weglein, das hinaufklettert zum **Furggeli** (2387 m; 2:45 Std.). Hier beginnt die Kammüberschreitung, auf deutlicher Spur bergan gegen den Hempliger (2483 m), dann stets am Grat oder knapp rechts darunter weiter. Ein paar schroffe Felstürme werden – kurz absteigend – rechts umgangen. Im Zickzack gewinnt man zuletzt den Gipfel (4 Std.).

Der Abstieg folgt im wesentlichen dem langgestreckten Südgrat des Berges. Ein erster Vorgipfel (2728 m) wird westseitig passiert, dahinter läuft die deutliche Spur am Sattligrat abwärts und mit einigem Auf und Ab hinüber zum Seewlehore (2467 m). Weiter absteigend am Wiesenkamm zum Tierberg (2371 m) und am Laveygrat hinaus bis zu einer Liftstation (2194 m; 5:30 Std.). Hier spitzwinklig nach links und hinunter zum Sillerenrücken, zuletzt auf einer Asphaltstraße in fünf Minuten hinauf zur Liftstation am **Sillerenbühl** (1973 m; 6:15 Std.).

28 Stockhorn, 2190 m

Aussichts- und Seilbahnberg am Alpenrand: Erlenbach – Chrindi – Stockhorn – Oberstockensee – Vorderstocken – Erlenbach

mittel

19 km

7 3/4 Std.

↑1630 m
↓1630 m

Tourencharakter: Lange, deshalb recht anstrengende Gipfelüberschreitung auf gebahnten, teilweise etwas rauen Wegen.
Beste Jahreszeit: Frühsommer bis zum ersten Schnee; besonders schön an einem föhnig-klaren Herbsttag.
Ausgangs-/Endpunkt: Talstation der Stockhorn-Seilbahn (730 m) bei Erlenbach.
Kleine Varianten: Wer die Stockhorn-Seilbahn in die Planung einbezieht, kann die Tour verschieden variieren. Beliebt ist eine Besteigung des Gipfels ab Chrindi (1637 m), mit Abstieg wie beschrieben; Gesamtgehzeit 5 Std. Für die kleine Runde ab Seilbahnstation Chrindi zum Gipfel und zurück beträgt die Gehzeit etwa 2 3/4 Std.
Wanderkarten: Landeskarte der Schweiz 1:50 000, Blatt 253T »Gantrisch« mit Wanderwegeaufdruck. Kümmerly+Frey 1:60 000 »Saanenland–Simmental–Frutigland«.
Markierung: Weiß-rot-weiß, gelbe Wegzeiger.
Verkehrsanbindung: Erlenbach ist Station der Simmentalbahn Spiez – Zweisimmen – Lenk. Die Stockhorn-Seilbahn verkehrt vom 10. Juni bis Ende August 7.40–17.10, Anfang September bis Anfang November 8.10–17.25 Uhr.
Einkehr: Panoramarestaurant Stockhorn (2140 m), Bergwirtschaft Oberstocken (1787 m).
Tourist-Info: Verkehrsbüro, CH-3762 Erlenbach; Tel. +41(0)33/681 14 58.

Das **Stockhorn** (2190 m) ist ein Berg für fast alle: für Gehfaule und Kletterer, für Wanderer und Sonnenanbeter. Für die Thuner ist er ihr »Hausberg« und das nicht erst, seit es eine Seilbahn auf den felsig-schroffen Zahn gibt. Ihre Talstation liegt am Ortsrand von Erlenbach im Simmental und bringt Ausflügler in einer halben Stunde bis auf zehn Minuten an das große Panorama heran. Wer zu Fuß geht, braucht natürlich etwas länger, hat dafür aber mehr Zeit, die sich allmählich entfaltende Schau auf die Berner Hochalpen zu genießen, beim Aufstieg durch den Graben des Wilden Bachs und später am Weg oberhalb des Hinterstockensees. Der liegt für die im Simmental startenden Bergwanderer noch vor dem Gipfel, für die Leute aus der Thuner Gegend und aus dem Stockental aber dahinter. Einen Oberstockensee gibt es auch, fast gleich groß wie der Hinterstockensee und ebenfalls ohne sichtbaren Abfluss, was aber in einem Kalkmassiv nicht weiter erstaunt. Für die meisten einigermaßen überraschend ist dann schon eher der Blick vom Gipfel nach Südwesten, auf die vielen, teilweise wild zerklüfteten Bergketten der Freiburger und Waadtländer Alpen. Terra incognita – oder vielleicht eine Anre-

28

Tipp

Etwas höher als das Stockhorn und noch berühmter ist der Niesen (2362 m), dessen ebenmäßig gebaute Pyramide das Südufer des Thuner Sees beherrscht: ein Aussichtsgipfel par excellence! Und seit bald einem Jahrhundert kommt man ohne Anstrengung zum großen Panorama, mit der Standseilbahn, die ihre Talstation in Mülenen (692 m) an der Straße Spiez – Frutigen hat. Sehr zu empfehlen ist eine Übernachtung im Gipfelhotel, Sonnenuntergang inklusive. Markierte Wege führen von Wimmis, Mülenen, Reichenbach und Frutigen zum Gipfel, jeweils 5 bis 6 Std. Aufstieg.

gung für den nächsten Wanderurlaub? Nicht in die (nahe) Zukunft, sondern in längst vergangene Zeiten weisen Funde aus der Chilchhöhle am Nordhang des Sattelspitz, etwa eine halbe Stunde von Vorderstocken.

Neben Höhlenbärenknochen wurden hier Werkzeuge altsteinzeitlicher Jäger entdeckt – »Ötzi« lässt grüßen. Nicht ganz so alt ist der erste Bericht einer Stockhorn-Besteigung; er stammt aus dem Jahr 1536. Verfasser des Gedichtes »Stockhornias« war Johann Müller aus Zürich, der zusammen mit dem Simmentaler Reformator Peter Kunz eine Tour auf den stolzen Berg unternahm: eine echte Pioniertat!

Der Wegverlauf

Von der Talstation der Stockhornbahn in **Erlenbach** wandert man durchs Kleindorf und aufwärts zur Mündung des Wildebachgrabens. Ein schmaler Pfad führt neben dem rauschenden Bach bergan zu einer Teerstraße, man folgt ihr links zu den Häusern von Moos (918 m). Nun wieder in den bewaldeten Graben und unter der Seilbahn aufwärts zu den Almwiesen von **Chlusi** (1311 m; 1:45 Std.). Dabei rücken die Felsbalmen der Mieschflue links und der Walpersbergflue (1907 m) rechts

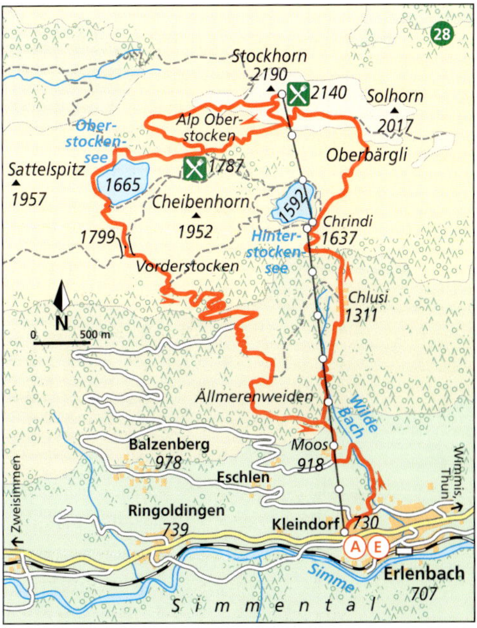

28

immer näher; dazwischen, im Sattel **Chrindi** (1637 m; 2:45 Std.) steht die Mittelstation der Seilbahn. Der Fußweg gewinnt in ein paar Kehren, zuletzt über eine Felsstufe ansteigend (Seilgeländer) die Höhe, hinter der in einer grünen Mulde der **Hinterstockensee** (1592 m) liegt. Man steigt nun nicht ab bis zum Seeufer, sondern schlägt den vorher rechts abgehenden Weg ein, der über einen Grashang zum Oberbärgli hinaufzieht, am Fuß des Solhorns die Kammhöhe gewinnt und bei der einzigen Seilstütze der Gipfelbahn in den von Oberstocken heraufkommenden Weg mündet. Weiter im Zickzack zur Bergstation und zum Gipfel (4:30 Std., Alpenblumengarten).

Für den Abstieg hat man zunächst die Wahl zwischen dem aussichtsreichen, aber etwas anspruchsvolleren Pfad (Felsen!) über den Strüssligrat und dem viel begangenen Weg über das baumlose Stockenfeld. Beide münden auf die **Alp Oberstocken** (1787 m; 5 Std.). Nun westlich hinab zum Oberstockensee (1665 m), dann rechts um das malerische Gewässer herum und mit Aussicht zum Stockhorn bergan in den Sattel von Vorderstocken (1799 m; 5:45 Std.), wo sich ein bezaubernder Blick über das untere Simmental auf die Berner Hochalpen auftut. Diese Schau genießt man auch während des weiteren Abstiegs, der die Schleifen des geteerten Alpsträßchens abkürzt. Von den Ällmerenweiden führt ein Ziehweg im Wald hinunter zum Wildebachgraben. Auf der Anstiegsroute wandert man bergab nach **Erlenbach** (7:45 Std.).

Der Oberstockensee am Stockhorn.

Seebergsee – Scheidegg, 1991 m

29

Stille Wege über dem innersten Diemtigtal: Schwenden – Stand – Seebergsee – Stiereberg – Gubi – Scheidegg – Würzi – Schwenden

Tourencharakter: Recht lange Wanderrunde auf guten Wegen, teilweise auch Alpsträßchen. Faszinierend die immer wieder wechselnden Landschaftseindrücke und Fernblicke, von idyllisch bis felsig-alpin.
Ausgangs-/Endpunkt: Schwenden-Post (1163 m) im inneren Diemtigtal.
Kleine Variante: Über den Stand zum Seebergsee und auf dem gleichen Weg zurück, 5 1/4 Std.
Wanderkarten: Landeskarte der Schweiz 1:50 000, Blätter 253T »Gantrisch« und 263T »Wildstrubel« mit Wanderwegeaufdruck; Kümmerly+Frey 1:60 000 »Saanenland–Simmental–Frutigland«.
Markierung: Gelb, weiß-rot-weiß, gelbe Wegzeiger.
Verkehrsanbindung: Ins Diemtigtal führt von Oey (669 m) eine ordentliche Straße, 12 km bis Schwenden-Post. Auch Postbus.
Einkehr: Berggasthaus Stiereberg (1884 m).
Tourist-Info: Diemtigtal Tourismus; CH-3753 Oey; Tel. +41(0)33/681 26 06, Fax 681 29 08.

mittel
20 km
7 Std.
↑1200 m
↓1200 m

Rastplatz unter dem Fromattgrat.

Das **Diemtigtal** ist ein Landstrich der Kontraste: eng und weit zugleich, da sanftwellig, dort schroff. Im Mündungsbereich hat sich der Fildrich tief in das Gestein gegraben, eine Waldklamm geschaffen, weiter taleinwärts rücken die grünen Hänge zurück, wird der Blick frei auf jähe Kalkmauern. Und zuhinterst thront das wilde Felsmassiv der Spillgerte (2476 m), seit dreißig Jahren unter Naturschutz. Es ist aber nur ein Blickfang auf dieser Runde, die immer wieder andere Perspektiven, Landschaftsformen, Ein- und Fernsichten bietet. Nach steilem Anstieg von Schwenden findet man sich am **Stand** (1939 m) unvermittelt auf einem ausgedehnten Hochplateau, das Aussicht in alle Richtungen gewährt. Nach kurzem Abstieg ist der idyllische, von Bergsturztrümmern und knorrigen Arven umrahmte **Seebergsee** erreicht. Oben am Gubi wird dann die Sicht auf das obere Simmental und das Saanenland frei, am Fromattgrat gibt es einen überraschenden Durchblick bis zum Eiger, dann vermauern die schroffen Kalkfelsen der Spillgerte zuneh-

29

mend den Horizont. Im milden Licht der Nachmittagssonne wandert man schließlich über das Alpetli wieder hinunter ins Diemtigtal, das so viele überraschende Seiten hat.

Der Wegverlauf

Von **Schwenden** (1163 m) führt ein Sträßchen westlich in den Graben unter dem Seehore (2280 m). Man folgt ihm, eine erste Schleife abkürzend, etwa eine halbe Stunde weit bis zur Abzweigung des Weeri-Weges. Der zickzackt über einen von Sturmschäden schwer gezeichneten, steilen Waldhang hinauf gegen die Felsen, gewinnt dann die Grassenke (1851 m) zwischen Meniggrat und **Stand** (1939 m; 2:30 Std.). Letzterer ist kein richtiger Gipfel, sondern ein Wiesenplateau, genau richtig für eine Pause. Eindrucksvoll die langgestreckte Felsmauer des Niderhorns (2078 m); am östlichen Horizont zeigt sich der Eiger mit seiner Nordwand.

Nach kurzem Zwischenabstieg stößt man bei der großen Alphütte am Seeberg (1800 m) auf eine Straße. Sie führt ansteigend zum idyllischen, unter Naturschutz stehenden **Seebergsee** (1831 m) und taleinwärts zum **Stiereberg** (1882 m; 3:15 Std.), wo das Berggasthaus zur Einkehr lädt. Es steht auf der Wasserscheide zwischen dem Diemtig- und dem Simmental, doch Aussicht auf die Bergketten rund um Saane und Simme gibt es erst eine halbe Gehstunde später, oben an der **Gubi-Scharte** (1987 m), noch schöner dann von der Alphütte (2057 m; 4 Std.) unter dem Fro-

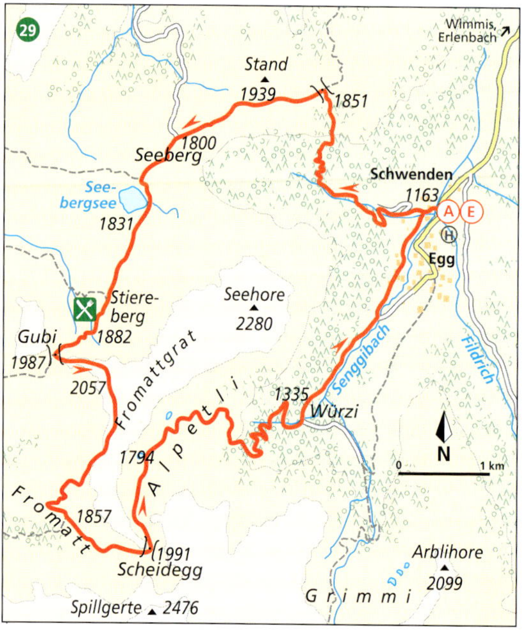

29

Tipp

Eine ebenfalls sehr lohnende Bergwanderung führt im äußeren Diemtigtal über den Turnen (2079 m). Ausgangspunkt ist Oey (669 m) am Taleingang, erste Station am Weg das schmucke, sonnig gelegene Dörfchen Diemtigen (809 m). Vom Turnen genießt man Aussicht auf fast alle Bergketten des Simmen- und des Diemtigtals. Abstieg in den Meniggrund und zur Talstraße bei Zwischenflüh (1041 m). Gesamtgehzeit 7 Std., durchgängig markierte Wege; Rückfahrt nach Oey mit dem Postbus.

mattgrat, dem höchsten Punkt in der Runde. Die mächtige Schau bis zu den Teufelshörnern (Les Diablerets, 3210 m) genießt man auch auf dem Weiterweg, der erst flach unter dem Kamm, dann absteigend ins ausgedehnte Almgelände von Fromatt (1857 m) führt.

Im Südosten, über der Hinderi Fromatt ragen die markant geschichteten Kalkzacken der Spillgerte (2476 m) in den Himmel. Das markierte Weglein steigt über einen Grashang zunehmend steiler an zur **Scheidegg** (1991 m; 5 Std.), wo man wieder ins innerste Diemtigtal hinüberwechselt. Stimmungsvoller Rückblick auf die schroffen Gipfel im Dreikantonseck Bern–Fribourg–Waadt (Vanil Noir, 2369 m). Unter der langgestreckten Felsbarriere des Fromattgrats und des Seehore geht's über steinige Almen hinab ins Alpetli. Bei der ersten Alphütte (1794 m) wird aus der dünnen Spur ein Karrenweg, später dann eine breite Sandstraße. Sie zieht in Serpentinen hinunter nach Würzi (1335 m). Weiter im Graben des Senggibachs talauswärts und zurück nach **Schwenden** (7 Std.).

Sagenumwoben: der Seebergsee.

30 Der Simmentaler Hausweg

Talwanderung, Kulturerlebnis und Handwerksschau in einem: Erlenbach – Weissenburgberg – Oberwil – Boltigen

leicht

21 km

5 1/2 Std.

↑530 m ↓430 m

ja

Tourencharakter: Recht lange Talwanderung mit wenig Steigung, abwechselnd auf Asphalt und Wanderwegen. Diverse Zwischenabstiege möglich.
Beste Jahreszeit: Frühling bis spät im Herbst.
Ausgangspunkt: Erlenbach (707 m) im untersten Simmental.
Endpunkt: Boltigen (818 m).
Kleine Varianten: Es sind verschiedene Teilbegehungen, auch in Kombination mit dem »Talweg«, möglich. Der »Talweg« führt als Teil des Hausweges von Wimmis nach Weissenburg; Gehzeit 4 Std.
Wanderkarten: Landeskarte der Schweiz 1:50 000, Blatt 253T »Gantrisch« mit Wanderwegeaufdruck; Kümmerly+Frey 1:60 000 »Saanenland–Simmental–Frutigland«.
Markierung: Gelb, braune Wegzeiger. An allen Bahnhöfen gibt es ein Faltblatt zum »Simmentaler Hausweg«.
Verkehrsanbindung: Die Ortschaften liegen an der Bahnlinie Spiez – Zweisimmen – Gstaad.
Einkehr: In den Dörfern.
Tourist-Info: Verkehrsbüro, CH-3762 Erlenbach; Tel. +41(0)33/681 14 58.

Wer das **Freilichtmuseum Ballenberg** (→ Brienz, S. 12) besucht hat, weiß um die so unterschiedlichen Haustypen in der viersprachigen ländlichen Schweiz, um die Vielfalt von Formen, Baumaterialien, architektonischen Details. Wer möchte etwa das Tessiner Rustico mit dem Emmentaler Haus vergleichen oder die Ciasa Engiadina mit einem »Heimetli« am Vierwaldstätter See?

Besonders reich an schönen alten Bauernhäusern ist das Simmental, wovon man sich auf dem »Hausweg« überzeugen kann. Der ist aber nicht nur ein Pfad, der von Haus zu Haus führt; wer mit offenen Augen von Erlenbach nach Boltigen wandert, erfährt weit mehr über dieses Tal, das durch Viehzucht und Landwirtschaft früh zu relativem Wohlstand gelangte. Simmentaler Kühe waren schon im Mittelalter ein gefragter Exportartikel.

Bauernhäuser in Erlenbach.

Den schönen (vierbeinigen) Simmentalerinnen begegnet man natürlich auch auf dem »Hausweg«, der verläuft als Terrassenweg auf der sonnigen Nordseite des Niedersimmentals, verbindet dabei Weiler und Dörfer. Oberhalb von Weissenburg führt der

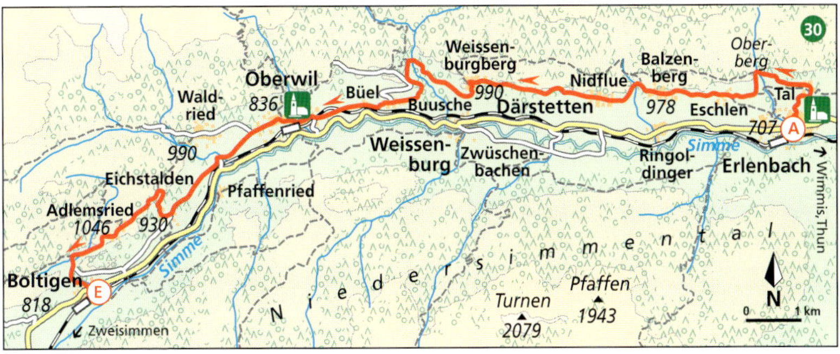

Weg am einst berühmten Weissenburgbad (heute nur mehr Ruinenreste) vorbei. Es erlebte seine Glanzzeit vor dem Ersten Weltkrieg, als allerlei Promis und sogar gekrönte Häupter zur Kur anreisten.

Der Wegverlauf

Vom Bahnhof **Erlenbach** (707 m) führt der »Hausweg« durch das schmucke Dorf (→ Erlenbach, S. 12) und über Wiesen hinauf zu den wenigen Häusern von **Tal**, dann mit freier Sicht auf die Bergketten um das Niedersimmen- und das Diemtigtal weiter etwas steigend nach Oberberg (1 Std.). Nun in leichtem Auf und Ab über die Weiler Eschlen, Balzenberg (978 m) und Nidflue – alle mit bemerkenswerter Bausubstanz – weiter nach **Weissenburgberg** (990 m; 2:45 Std.). Dahinter geht es leicht abwärts zu den kümmerlichen Ruinen des ehemaligen Weissenburgbads (856 m). Auf solider Brücke überquert man anschließend die wilde Klamm des unteren Buuschetals; in einem Bogen peilt der Weg den Weiler **Buusche** an. Wenig weiter, in Büel sollte man sich unbedingt das mächtige Vennerhaus von 1757 anschauen; recht ungewöhnlich die Inschrift auf der Schwelle: »Der Maler Allenbach als ein armer Tropf dem Meister Amrein als ein listiger Kopf gar wohl behilflich war mit malen und Farb reiben, dass es wohl soll die Meisterschaft haben.«

In **Oberwil** (836 m; 4 Std.), das an der Bahnlinie liegt, verdient die Kirche, eine mittelalterliche Anlage mit spätgotischer Ausstattung, Beachtung. Eichstalden besitzt eines der schönsten bemalten Häuser des Simmentals (1745), von Adlemsried (1046 m), einem gut erhaltenen Weiler, wandert man schließlich hinab und hinein nach **Boltigen** (818 m; 5:30 Std.).

31 Ammertenspitz, 2613 m

Felsenweg vor dem Wildstrubel: Metsch – Bummerepass – »Aeugi-Lowa-Weg« – Ammertenspitz – Ammertentäli – Simmenfälle – Lenk

anspr.

17 km

7 1/4 Std.

↑1140 m ↓1540 m

Tourencharakter: Anspruchsvolle Gipfelüberschreitung; Aufstieg abschnittweise gesichert, Abstieg unterhalb des Ammertenpasses einige etwas heikle Stellen. Etwas Bergerfahrung und ein sicherer Tritt sind unerlässlich.
Beste Jahreszeit: Ende Juni bis Mitte Oktober.
Ausgangspunkt: Seilbahnstation Metsch (1477 m).
Endpunkt: Talstation der Metsch-Seilbahn (1075 m) in Lenk-Oberried.
Wanderkarten: Landeskarte der Schweiz 1:50 000, Blatt 263T »Wildstrubel« mit Wanderwegeaufdruck; Kümmerly+Frey 1:60 000 »Saanenland–Simmental–Frutigland«.
Markierung: Weiß-rot-weiß und weiß-blau-weiß, gelbe Wegzeiger.
Verkehrsanbindung: Lenk (1068 m) im Obersimmental hat Bahnverbindung mit Zweisimmen – Spiez. Ein Postbus fährt zur Talstation der Metschbahn und weiter zu den Simmenfällen. Die Luftseilbahn Lenk – Metsch verkehrt von Ende Juni bis 20. September 8.30–12.30 und 13.30–17 Uhr.
Einkehr/Unterkunft: Berghaus Metsch (1480 m) bei der Seilbahnstation; Hotel-Restaurant Simmenfälle (1105 m).
Tourist-Info: Tourist Center, CH-3775 Lenk im Simmental; Tel. +41(0)33/733 31 31, Fax 733 20 27, E-Mail info@lenk.ch, Internet www.lenk.ch.

Ganz im Banne des Wildstrubel (3243 m), der breit-massig die Täler von Adelboden und Lenk dominiert, steht die Überschreitung des **Ammertenspitz** (2613 m). Möglich geworden ist sie durch den Bau des »Aeugi-Lowa-Weges«, der seit 1997 über den felsigen Nordwestgrat des Bergstocks verläuft. Eingeweiht wurde der »Beinahe-Klettersteig« von einem Bundesrat (Minister in der Schweiz), dem aus Adelboden stammenden, sportbegeisterten Dölf Ogi. Ob er seither wieder einmal an dem mit Ketten und aufwändigen Treppenkonstruktionen versehenen Steig unterwegs war, entzieht sich meiner Kenntnis, dass der Weg sehr gut angekommen ist, beweisen die vielen Begehun-

Einstieg zum »Aeugi-Lowa-Weg«.

31

Tipp

Etwas kürzer ist die Überschreitung des Ammertenspitz von Adelboden (1348 m) aus. Mit Bus und Gondelbahn erreicht man bequem den Hahnenmoospass (1950 m). Nach dem Abstieg zur Engstligenalp (1964 m) geht es mit der Seilbahn und dem Ortsbus zurück nach Adelboden; günstige Rundfahrttickets. Gehzeit für die Überschreitung knapp 5 Std.

gen. Eigentlich »gehört« der »Aeugi-Lowa-Weg« ja den Adelbodnern, doch lässt sich die Überschreitung ebenso gut vom Obersimmental aus durchführen. Sie ist dann zwar etwas länger, führt aber hinaus durchs zauberhafte Ammertentäli zu einer rauschenden Schönheit: den Simmenfällen, die von den mächtigen Gletschern am Wildstrubel gespeist werden (Glacier de la Plaine Morte).

Der Wegverlauf

Von der Seilbahnstation **Metsch** (1477 m) folgt man zunächst dem markierten Weglein, das über Wiesen gegen den Metschberg ansteigt. Es quert den Graben des Sumpfbachs und gewinnt am Metschhorn (1901 m), einer felsigen Kuppe, den grasigen Südwestgrat des Regenboldshorns (2193 m). An ihm aufwärts bis knapp unter den Vorgipfel und rechts flach in den **Bummerepass** (2055 m). Jenseits der Scharte geht's kurz abwärts, dann biegt man auf den Weg ein (Hinweis »Ammertenspitz«), der in leichtem Auf und Ab nordseitig um das Regenboldshorn herum in den Sattel (2093 m) am Ansatzpunkt des Ammertengrates führt (2:30 Std.).
Der schön angelegte, aus dem mürben Gestein gehauene und mit Ketten gesicherte »Aeugi-Lowa-Weg« steigt in Kehren rechts des schroffen Grates an. Eine Steilstufe wird mit Hilfe einer Trep-

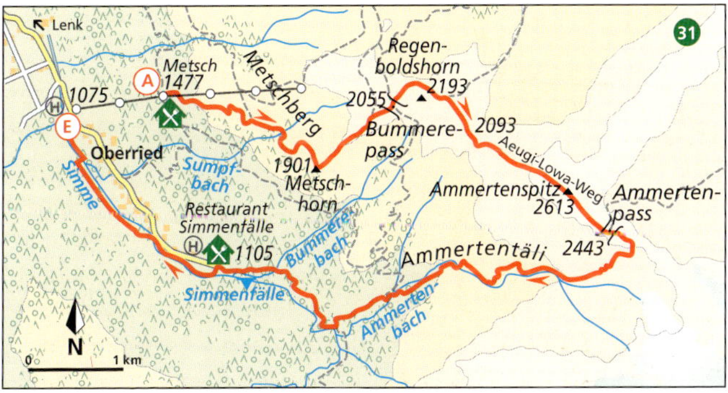

31

penkonstruktion problemlos gemeistert. Durch den »Jumpfere Zwick«, einen engen Felsspalt, wechselt der Steig auf die schrofige Südwestflanke des Äugi (2513 m). Ketten leiten zu einer weiteren Eisentreppe, im Zickzack gewinnt man über einen Geröllhang schließlich den Kamm. Über ihn leicht zum Gipfel des **Ammertenspitz** (2613 m; 4 Std.).

Der Abstieg führt über den breiten Geröllrücken zunächst hinunter in den **Ammertenpass** (2443 m). Dabei rückt die gigantische Felsbastion des Wildstrubel noch etwas näher und höher in den Himmel. Aus der Senke führt die markierte Spur, einen Steilabbruch umgehend, kurz geradeaus, ehe sie rechts ins malerische Ammertentäli hinunterzieht. Das bröselige Schiefergestein verlangt besondere Vorsicht beim Absteigen, ebenso einige Wasserläufe, die zu queren sind. Unterhalb der steinigen Mulde des Schafbergs leitet der Pfad in vielen Serpentinen über eine weitere Talstufe. Schließlich stößt man auf eine Schotterpiste, die abseits des Ammertenbachs hinabläuft zu den **Simmenfällen**, die erst im 18. Jahrhundert entstanden sind. Um ständig wiederkehrenden Überschwemmungen im Talgrund Herr zu werden, wurde der Wildbach in ein neues Bett geleitet.

Mit dem rauschenden Wasser wandert man hinab zum Hotel-Restaurant Simmenfälle (1105 m; 6:45 Std.), ein Fußweg führt neben der Simme zurück zur Talstation der Metsch-Seilbahn (7:15 Std.).

Gipfel und Grate zwischen Obersimmental und Adelboden.

Tierbergsattel, 2654 m

32

Verstecktes Bergjuwel unter dem Wildstrubel: Iffigenalp – Rawilseeleni – Tierbergsattel – Flueseeli – Rezliberg – Ritzmad – Iffigenalp

Tourencharakter: Sehr lange, anstrengende Tour, Trittsicherheit und eine gute Kondition sind unerlässlich. Grandios die Kulisse, vielfach schmal, aber stets gut markiert die Wege. Wer nicht auf das eigene Fahrzeug angewiesen ist, kann vom Rezliberg zu den Simmenfällen absteigen, spart sich so den finalen Gegenanstieg.
Beste Jahreszeit: Ende Juni bis Anfang Oktober.
Ausgangs- und Endpunkt: Iffigenalp (1584 m).
Kleine Variante: Iffigenalp – Rawilpass (2429 m) und zurück, 5 Std.
Wanderkarten: Landeskarte der Schweiz 1:50 000, Blatt 263T »Wildstrubel« mit Wanderwegeaufdruck; Landeskarte der Schweiz 1:25 000, Blätter 1266 »Lenk« und 1267 »Gemmi«; Kümmerly+Frey 1:60 000 »Saanenland–Simmental–Frutigland«.
Markierung: Weiß-rot-weiß, gelbe Wegzeiger.
Verkehrsanbindung: Die Iffigenalp (1584 m) erreicht man von Lenk im Obersimmental über eine teilweise sehr schmale, nicht asphaltierte und steile Bergstraße, 8 km. Zeitlich geregelter Einbahnverkehr: Bergfahrt jeweils in der zweiten, Talfahrt während der vierten Viertelstunde.
Einkehr/Unterkunft: Berghaus Iffigenalp (1584 m), urig und gemütlich, etwas für Ruhe Suchende; Tel. 033/733 13 33. Gasthaus Rezlibergli (1405 m).
Unterkunft: Flueseehütte (2049 m) für Selbstversorger, stets offen.
Tourist-Info: Tourist Center, CH-3775 Lenk im Simmental; Tel. +41(0)33/733 31 31, Fax 733 20 27, E-Mail info@lenk.ch, Internet www.lenk.ch.

anspr.
18 km
8 1/4 Std.
↑1600 m
↓1600 m

Dass manche Bergwinkel nur recht schwierig zu erreichen sind, sich über steilen Felsbarrieren oder hinter wilden Schluchten verbergen, liegt in der Natur der alpinen Geographie. Ein gutes Beispiel dafür ist der **Tierberg**, eine vom Gletschereis gezeichnete Mulde unter dem Wildstrubel, so wild wie abgelegen, mit schroffen Felsen rundum. Die sind aus den unterschiedlichsten Gesteinen aufgebaut, was den Reiz der hochalpinen Szenerie zusätzlich erhöht und (buchstäblich!) Grundlage für die besonders artenreiche Flora bilden.
Eine faszinierend schöne, aber sehr lange Runde erschließt dem Wanderer den Tierberg. Der Aufstieg verläuft über den historischen Rawil-Passweg, am **Tierbergsattel** (2654 m) betritt man dann den versteckten Bergwinkel. Wäre da nicht die Seilbahn, die von Iffigenalp hinaufzieht zu einem militärischen Horchposten am Weisshorn (2948 m), man könnte glatt der schönen Illusion einer »unberührten Alpenwelt« nachhängen. Dass ausgerechnet hier vor fast 4000 Jahren Jäger unterwegs gewesen sein

32

sollen, überrascht einigermaßen, doch die Funde aus der Tierberghöhle lassen keine Zweifel zu.

Leichte Zweifel beschleichen einen dafür beim schwindelnden Tiefblick über den jähen Flueschafberg in den grünen Boden des Rezliberges: da hinunter? Das geht aber überrschend leicht; vom Flueseeli – noch so ein alpines Kleinod! – schraubt sich ein guter Weg bergab ins Flache, wo abseits eine mächtige Karstquelle, die Siebenbrunnen, entspringt. Etwas Erfrischung könnte jetzt manche/r gut gebrauchen, denn noch steht die anhängliche Gegensteigung zur Ritzmad an. Hat man die Höhe einmal geschafft, taucht auch bald im verschatteten Tal die Iffigenalp auf, Ausgangs- und Endpunkt einer der schönsten Wanderungen im (wilden) Westen des Berner Oberlands.

Der Wegverlauf

Am **Rawilweg** überquert man den Iffigbach und steigt dann über einen Murkegel an gegen die Felsen. In kunstvoll angelegten Kehren gewinnt der Saumpfad rasch an Höhe, im Bereich einer Steilrinne ist er aus dem mürben Gestein gehauen. Eine längere Querung leitet zur Blattihütte (2027 m), durch die zwischen Rothorn und Mittaghorn (2686 m) eingelagerte Mulde geht es weiter

32

bergan zur Verzweigung am Stiereläger (2278 m; 2 Std.), wo man sich links hält. Nächste Wegstation sind dann die seichten Rawilseeleni (2489 m), noch gut eine halbe Stunde unter dem **Tierbergsattel** (2654 m; 3:15 Std.). Von der Scharte bietet sich ein packender Rückblick auf den Rawilpass (2429 m) und das vergletscherte Wildhorn (3248 m); in entgegengesetzter Richtung dominiert der riesige Wildstrubel (3243 m) die Szenerie. Gut einzusehen ist auch der Weiterweg, er läuft zunächst steil, dann flacher hinunter in den Tierberg. Die Markierungen leiten zwischen vom Gletschereis rund geschliffenen Felsbuckeln in leichtem Auf und Ab hinüber gegen das **Rezligletscherseeli** (2265 m; 4:15 Std.). Zwei solide Brücken helfen über Eisbäche, ein kurzer Gegenanstieg führt in das Gletschervorgelände unterhalb der Roti Steine, wo rechts der Normalweg zum Wildstrubel abzweigt (Hinweis am Fels). Auf recht gerölligem Weg steigt man weiter ab zum **Flueseeli** (2045 m; 5 Std.). An seinem nordwestlichen Ufer zweigt der Talweg ab, er zieht in Serpentinen, das extrem steile Gelände geschickt nutzend, hinunter zum **Rezliberg** (1405 m; 6 Std.).
Eine kurze Felspassage ist dabei gesichert. Nun auf dem Fahrweg links über den flachen, licht bewaldeten Talboden, bis die Markierungen in den Wald leiten. Der Pfad kürzt die Straßenschleifen ab; er steigt zunächst schattig, dann über Almwiesen hinauf zur Langermatte. Hier bietet sich ein faszinierender Rückblick zum Wildstrubelmassiv. Von der flachen **Ritzmad** (1857 m; 7:30 Std.) geht's über die Ritz-Alphütte hinunter zum Iffigbach. Zuletzt auf der Straße zurück zur **Iffigenalp** (8:15 Std.).

Rauschende Gletscherwasser unter dem Wildstrubel.

33 Hundsrügg, 2047 m – Rellerligrat

Schauwandern nahe der Grenze zur Freiburger Nachbarschaft:
Jaunpass – Hundsrügg – Bire – Rellerligrat

leicht

13 km

4 1/4 Std.

↑770 m
↓440 m

ja

Tourencharakter: Höhenwanderung auf markierten Wegen: viel Aussicht, wenig Anstrengung.
Beste Jahreszeit: Juni bis zum ersten Schnee im Herbst. Besonders dankbar im Frühsommer, wenn es auf den Höhen üppig blüht; später im Jahr hat man dann in der Regel die bessere Fernsicht.
Ausgangspunkt: Jaunpass (1509 m), Übergang vom Simmental nach Bulle.
Endpunkt: Bergstation der Gondelbahn Schönried – Rellerligrat (1831 m).
Kleine Variante: Vom Hundsrügg hinunter nach Sparenmoos (1639 m); Gehzeit dann 3 Std.
Wanderkarten: Landeskarte der Schweiz 1:50 000, Blätter 253T »Gantrisch« und 263T »Wildstrubel« mit Wanderwegeaufdruck; Kümmerly+Frey 1:60 000 »Saanenland–Simmental–Frutigland«.
Markierung: Gelb und weiß-rot-weiß, gelbe Wegzeiger.
Verkehrsanbindung: Boltigen und Schönried liegen an der »Montreux–Oberland-Bahn« (MOB), über den Jaunpass fährt ein Postbus. Die Gondelbahn Schönried – Rellerligrat verkehrt Mitte Mai bis Ende Oktober von 9–17 Uhr. Im Tal bekommt man günstige Rundreisetickets.
Tourist-Info: Zweisimmen Tourismus, CH-3770 Zweisimmen; Tel. +41(0)33/722 11 33, Fax 722 25 85, E-Mail tourismus@zweisimmen.ch, Internet www.zweisimmen.ch.

Die Höhen zwischen dem Jaunpass und dem Tal der Saane, die ab Rougemont La Sarine heißt, sind ein ideales Revier für echte Genusswanderer. Sanft geformte Rücken, viel Grün, kaum Felsen. Dafür blüht es im Frühsommer auf den Wiesen besonders üppig. Und im Panorama stehen hundert Gipfel der Berner Alpen, dazu fast so viele der Freiburger und Waadtländer Nachbarschaft. Denn die Sprach- und Kulturgrenze (»Röschtigraben« sagt man in der Deutschschweiz) ist nicht weit: parlez vous français?

Aussichtspunkt über dem Simmental: der Hundsrügg.

Der Wegverlauf

Die Tour startet knapp westlich des **Jaunpasses** (1509 m) auf harter Unterlage. Man folgt dem Asphaltsträßchen, das zunächst ein Moor quert, um dann in Schleifen gegen den Oberenegg Läger (1721 m) anzusteigen. Nur wenig höher beginnt die eigentliche Kamm-

33

Tipp

Jede Menge Aussicht bietet auch jener Simmentaler Höhenweg, der die beiden Seilbahnstationen am Rinderberg (2004 m) und am Betelberg (1943 m) verbindet: 5 Std. Panoramawandern hoch über den Tälern, im Früh- und Hochsommer begleitet von einer bunt blühenden Flora. Der ist auch der »Alpenblumenweg« am Betelberg gewidmet; fast hundert heimische Pflanzenarten sind markiert und bezeichnet. Eine geologische Besonderheit bilden die Gipstrichter in der Gryde, an denen der Weg hinter dem Trütlisbergpass (2038 m) vorbeiführt.

wanderung, die ziemlich steil zu einer ersten namenlosen Kuppe führt (1926 m), dann mit einigem Auf und Ab und großer Schau zum höchsten Punkt des langgestreckt-grasigen **Hundsrügg** (2047 m; 2 Std.). Viel Aussicht bietet auch der Abstieg in den Wiesensattel (1838 m) mit dem passenden Namen Luegle (= schauen; 1838 m). Die markierte Spur umgeht den Birehubel (1937 m) westseitig. Man passiert die Birehütte (1789 m) und erreicht nach einer längeren Hangquerung unter dem Schneitgrat beim Kaltläger wieder den Kamm. Hier wechselt der Weg auf die Westseite, umgeht den Planihubel (1879 m) und steigt vom Aherlisboden (1806 m) recht steil am Grat hinauf zum höchsten Punkt des **Hugeligrats** (1898 m). Zuletzt spaziert man am grasigen Kamm hinüber zu der gerade noch einen Kilometer entfernten Seilbahnstation am **Rellerligrat** (1831 m; 4:15 Std.).

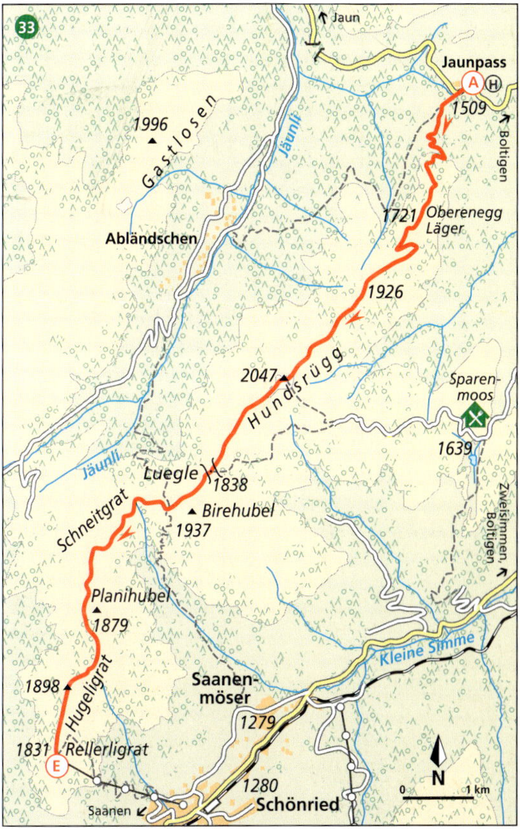

34 Chrine – Walliser Wispile, 1950 m

Aussichtswandern von Gstaad nach Gsteig: Höhi Wispile – Chrine – Walliser Wispile – Burgfälle – Gsteig

leicht

14 km

4 Std.

↑260 m ↓980 m

ja

Tourencharakter: Leichte, sehr aussichtsreiche Höhenwanderung mit etwas steilem Schlussabstieg.
Beste Jahreszeit: Juni bis Oktober.
Ausgangspunkt: Bergstation der Wispile-Gondelbahn (1907 m).
Endpunkt: Gsteig (1184 m) an der Strecke Gstaad – Col du Pillon.
Kleine Variante: Von der Chrine kann man auf markierten Wegen wahlweise nach Gsteig bzw. Lauenen absteigen; Gehzeit dann etwa 2 3/4 Std.
Wanderkarten: Landeskarte der Schweiz 1:50 000, Blatt 263T »Wildstrubel« mit Wanderwegeaufdruck; Landeskarte der Schweiz 1:25 000, Blatt 1266 »Lenk«; Kümmerly+Frey 1:60 000 »Saanenland–Simmental–Frutigland«.
Markierung: Weiß-rot-weiß, gelbe Wegzeiger.
Verkehrsanbindung: Gstaad (1050 m) erreicht man von Spiez durch das Simmental sowohl per Bahn als auch über eine ordentlich ausgebaute Straße, 49 km. Die Gondelbahn zur Höhi Wispile (1907 m) verkehrt Juni bis Oktober von 9–17 Uhr. Von Gsteig fährt man mit dem Postbus zurück nach Gstaad.
Hinweis: Im Bereich der Wispile-Gondelbahn gibt es einen »Meteo-Pfad«, bei dessen Begehung man allerlei Interessantes zum Thema erfährt; ab Bergstation etwa 1 Std.
Einkehr: Restaurant bei der Bergstation der Gondelbahn.
Tourist-Info: Gstaad Saanenland Tourismus, CH-3780 Gstaad; Tel. +41(0)33/748 81 81, Fax 748 81 83, E-Mail gst@gstaad.ch, Internet www.gstaad.ch.

Ein Ort (Gstaad) – drei Höhenrücken – zwei Bergbahnen. Da haben Wanderer die Qual der Wahl Eggli (1672 m), **Höhi Wispile** (1939 m) oder Wasserngrat (1936 m)? Schöne Höhenwanderungen mit Aussicht auf Täler und Gipfel im Dreikantonseck Bern–Freiburg–Waadt bieten alle drei Berge. Wer alpinistische Ambitionen hat (und über das notwendige Rüstzeug verfügt), peilt vielleicht den stotzig-felsigen Giferspitz (2542 m) an, den beherrschenden Gipfel zwischen Saanenland und Obersimmental. Weniger hoch hinaus führt der Weg über die beiden Wispile, bei der man den vergletscherten Dreitausendern ziemlich nahe kommt.

Berg- und Almlandschaft Saanenland.

Der Wegverlauf

Von der Bergstation der **Wispile-Gondelbahn** erreicht man in wenigen Minuten den Stand (1939 m) und damit den höchsten Punkt des langgestreckten, bis in

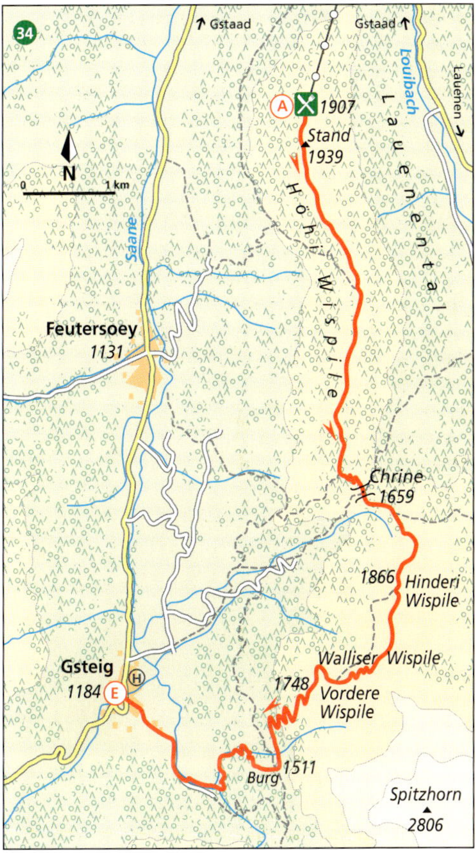

Gipfelhöhen licht bewaldeten Bergrückens der Höhi Wispile. Das markierte Weglein folgt mit leichtem Auf und Ab dem abgerundeten Grat, wobei die markante Felsgestalt des Spitzhorns (2806 m) in etwa die Richtung vorgibt.

Über den »Chrinetritt« zickzackt die Wegspur steil hinunter zur **Chrine** (1659 m; 1:30 Std.), die einen bequemen Übergang von Gsteig nach Lauenen ermöglicht. Der Weiterweg steigt aus dem Sattel an zu den Alphütten der Hinderi Wispile (1866 m). Hier kann man, den weiß-rot-weißen Markierungen folgend, gleich hinüber queren zur Vorderi Wispile; schöner ist es, im Vorfeld des Chly Hüri auf gutem Weg an der Walliser Wispile noch etwas anzusteigen. Vom höchsten Punkt (ca. 1950 m; 2:20 Std.) bietet sich eine umfassende Schau über das grün-wellige Saanenland und seine felsigen Gipfelzacken.

Der Abstieg führt mit freier Sicht auf die Kalkfelsen der Diablerets hinunter zur Vordere Wispile (1748 m) und auf einem Fahrweg in weit ausholenden Schleifen zur kleinen Alp **Burg** (1511 m) in prächtiger Lage vor dem felsigen Talschluss (Gaagge) des Sanetsch. Knapp unterhalb der Hütten nimmt man den rechts abgehenden Pfad, er leitet in Kehren durch den wilden Schryendgraben hinab ins Tal. Dabei hat man das Tosen (= schryen) der **Burgfälle** im Ohr. Zuletzt auf einer Straße hinein nach **Gsteig** (1184 m; 4 Std.).

35 Geltenhütte, 2006 m

Stille und rauschende Wasser: Lauenen – Lauenensee – Geltenschuss – Geltenhütte – Chüetungel – Launenen

anspr.

16 km

5 1/2 Std.

↑800 m
↓800 m

Tourencharakter: Recht anspruchsvolle Wanderrunde, die aus der Idylle des Lauenensees in alpine Regionen führt. Der Rückweg über die Alp Chüetungel verlangt Trittsicherheit und etwas Bergerfahrung, ist nur bei trockenem Wetter ratsam (Seilsicherungen, Leiter). Sonst Abstieg auf dem Anstiegsweg.
Beste Jahreszeit: Juni bis Mitte Oktober.
Ausgangs-/Endpunkt: Lauenen (1252 m).
Kleine Variante: Lauenen – Lauenensee – Twäregg – Bochte – Tüffi – Lauenen, 2 Std.
Wanderkarten: Landeskarte der Schweiz 1:50 000, Blatt 263T »Wildstrubel« mit Wanderwegeaufdruck; Landeskarte 1:25 000, Blatt 1266 »Lenk«; Kümmerly+Frey 1:60 000 »Saanenland–Simmental–Frutigland«.
Markierung: Gelb, weiß-rot-weiß, gelbe Wegzeiger.
Verkehrsanbindung: Zwischen Gstaad und Lauenen verkehrt ein Linienbus; Endstation Lauenensee.
Einkehr: Restaurant Lauenensee (1382 m); Geltenhütte (2006 m), bewirtschaftet Juli bis September; Tel. 033/765 32 20.
Tourist-Info: Gstaad Saanenland Tourismus, CH-3780 Gstaad; Tel. +41(0)33/748 81 81, Fax 748 81 83, E-Mail gst@gstaad.ch, Internet www.gstaad.ch.

Das **Lauenental** gehört zu den beliebtesten Gstaader Ausflugszielen. Das liegt möglicherweise auch daran, dass man dabei die mondäne Welt der Promis rasch hinter sich lässt; Kuhmist statt Chanel Nr. 5, Wanderhose statt Diesel-Jeans. Vor allem aber bietet die grüne, durchs Wildhorn (3248 m) wirkungsvoll abgeschlossene Talmulde vielfältige Wandermöglichkeiten, vom Spaziergang am **Lauenensee** bis zu großen Höhen- und Rundtouren. Ganz drinnen im Talschluss gibt es sogar einen »Schuss« – doch keine Angst, hier übt nicht die Swiss Army, es handelt sich um einen Wasserfall, den **Geltenschuss**, der über eine 200 Meter hohe Felsstufe herabstiebt. Dass er es heute noch tut, ist übrigens der Hartnäckigkeit der Lauener Bevölkerung zu verdanken: Sie wehrten sich in den sechziger Jahren erfolgreich gegen eine Trockenlegung bzw. Ableitung ihres Bachs in den Sanetsch-Stausee.

Idyll Lauenensee.

Der Wegverlauf

Von **Lauenen** (1252 m) wandert man zunächst auf Asphalt taleinwärts zur Rohrbrügg (1238 m),

wo rechts das Sträßchen nach Fang abzweigt, es passiert die Chaletsiedlung und steigt am Hang bergan zur Höhenterrasse Hinderem See (1409 m), fast 200 Höhenmeter über dem sumpfigen Talboden »Im Rohr« und mit Aussicht zum Firngrat des Geltenhorns (3065 m) und zum Wildhorn (3248 m). An dem seichten, von Moorwiesen und Schilfgürteln umgebenen **Lauenensee** (1381 m; 1 Std.) herrscht im Sommer oft ein ziemlicher Trubel. Hinter dem Seebüel (1434 m) betritt man den tiefen Graben des Geltenbachs. Der Weg verläuft links des rauschenden Bachs; am Undere Feisseberg kommt der eindrucksvolle Geltenschuss ins Blickfeld. Er bleibt links; in steilem Anstieg über den »Nüwe Berg« überwindet man die Talstufe. Oberhalb des Wasserfalls führt der Weg über den Bach und hinauf zur **Geltenhütte** (2006 m; 3 Std.). Grandios die Kulisse, ein felsiges Halbrund schroffer Mauern und hoher Gipfel.

Schroff und abschüssig sind auch die Westflanken von Hahnenschritthorn (2834 m) und Follhore (2196 m), durch die ein markierter Pfad talauswärts über die Usseri Gelten (1927 m) zur Alp **Chüetungel** (1786 m; 4 Std.) führt. Dieser Weg verlangt einen sicheren Tritt, vor allem am so genannten »Geltetrittli«, wo neue Drahtseile den Gang überm Abgrund erleichtern, bevor zwanzig Leitertritte einen in harmloses Gelände entlassen. Gleiches gilt auch für den Weiterweg, der aus dem weitläufigen Almgelände durch die Abstürze der Holzerflue (»Tungeltrittli«) hinabzieht gegen Twäregg (1430 m). Am rechten Talhang geht es dann abwechslungsweise auf Straßen und Wanderwegen über die Häuser von Tüffi hinaus und hinab nach **Lauenen** (5:30 Std.).

ALPENPÄSSE

Natürlich kann man auch »über den Berg« ins Berner Oberland reisen. Das geht am Brünigpass (1008 m) und – besonders lohnend – am Sustenpass (2224 m) bzw. über den Grimselpass (2165 m). Wer beispielsweise von Oberbayern anfährt, folgt ab Luzern der Autobahn A2 bis Wassen, wo die Sustenstrecke beginnt. Bei schönem Wetter bildet die Fahrt hinunter ins Haslital dann die passende Einstimmung zu einem Oberländer Wanderurlaub.

ANREISE

Mit der Bahn: Ganz stressfrei kommt man mit der Bahn ins Berner Oberland; so verkehrt beispielsweise der ICE »Thunersee« zwischen Berlin und Interlaken (Fahrzeit rund zehn Stunden). Gute Verbindungen auch aus dem süddeutschen Raum, teilweise über Zürich.

Noch heute fährt man dampfgetrieben auf das Brienzer Rothorn.

Für die bequeme und sichere An- und Abreise über Nacht in das Berner Oberland empfehlen sich die CityNightLine-Linien »**Berliner**«, »**Komet**«, »**Pegasus**«, »**Semper**« und »**Sirius**« über Basel oder Zürich.
Informationen, Buchungen und Reservierungen bei der CityNightLine-Hotline unter 01805/ 21 34 21 sowie in allen DB Reisezentren und Reisebüros mit DB-Lizenz. Infos und Buchungsanfragen auch unter www.citynightline.ch.

Mit dem Auto: Die direkteste Anfahrt ins Oberland führt über Bern; Autobahnen ab Landesgrenze Basel bzw. Zürich bis zum Thuner See, dann gut ausgebaute Straßen zu den Urlaubsorten.
Eine Alternativstrecke verläuft über Luzern und den Brünigpass (1008 m) ins Oberhasli.
Verkehrsinformationen: TCS (Touring Club der Schweiz), Rue Pierre Fatio 9, CH-1211 Genève; Tel. +41(0)22/417 27 27. ACS (Automobil Club der Schweiz), Wasserwerkstraße 39, CH-3000 Bern; Tel. +41(0)31/311 31 11.

Mit dem Flugzeug: Basel-Mulhouse und Zürich-Kloten sind internationale Flughäfen, Bern-Belp besitzt nur wenige Auslandsverbindungen. »Fly Rail Baggage« ermöglicht einen Gepäcktransport direkt zum Urlaubsort in der Schweiz; bei der Rückreise ist das bereits ab Bahnhof möglich.

AUTOBAHNEN

Wer die Schweizer Autobahnen benutzt, darf dies nicht ohne eine Vignette tun, sonst riskiert er eine saftige Strafe. Die Vignette (an allen Grenzübergängen erhältlich) kostet CHF 40,– und ist ein Kalenderjahr gültig (genau vom 1. 12. bis zum 31. 1. des übernächsten Jahres).

BADEN

Im Sommer weisen Thuner und Brienzer See angenehme Badetemperaturen bei bester Wasserqualität auf. Wer in einen der zahlreichen Bergseen hüpft, muss schon etwas abgehärtet sein.

BAHN- UND BUSFAHRTEN

Im Berner Oberland (wie überall in der Schweiz) ist der öffentliche Verkehr bestens organisiert; die Züge fahren pünktlich und im Stundentakt, alle Bus- und Bahnfahrpläne sind aufeinander abgestimmt. Wer hier Urlaub macht, sollte unbedingt eines der angebotenen Abonnements erwerben – es lohnt sich, denn das Berner Oberland ist die Eisenbahnregion der Schweiz schlechthin (Wengernalp- und Jungfraubahn, Schynige Platte, Brienzer Rothorn, Montreux-Oberland-Bahn usw.). Der Swiss Pass bietet freie Fahrt per Bahn, Schiff und Postbus, dazu erhebliche Ermäßigungen bei Bergbahnen (Gültigkeitsdauer zwischen vier Tagen und einem Monat). Ähnlich attraktiv ist das Ferienabonnement für die Region Berner Oberland; daneben gibt es zahlreiche Rundreisetickets (z. B. am Brienzer Rothorn oder Schynige Platte/Firstbahn).

BANCOMAT

Bargeld-Automaten findet man in allen Orten – sehr praktisch, wenn man seine persönliche Geheimnummer nicht vergessen hat.

BEHINDERTE

Auskünfte über geeignete Ferienunterkünfte (Hotels u. a.) bekommt man bei Procabreisen, Postfach, CH-4600 Olten; Tel. +41(33)62/212 12 62, Fax 212 31 05, Internet www.procabreisen.ch

Zimmer frei!

BERGHÜTTEN

In den Berner Alpen unterhält der Schweizer Alpenclub (SAC) zahlreiche Berghütten. Sie sind in der Regel immer zugänglich, meist aber nur während der Sommersaison bewirtschaftet. »Berghotels«, wie man ihnen in den Ostalpen gelegentlich begegnet, findet man hier nicht. Bewirtschaftungszeiten und Telefonnummern bei den entsprechenden Tourenvorschlägen.

CAMPING

Im Berner Oberland gibt es – vor allem rund um die großen Seen – zahlreiche, überwiegend gut eingerichtete Campings. Sie sind in der Regel von Ostern bis Ende Oktober geöffnet, manche (vorab in den Skiorten) auch im Winter. Ein Verzeichnis bekommt man bei Berner Oberland Tourismus.

DEVISENBESTIMMUNGEN

Die Ein- und Ausfuhr von Zahlungsmitteln unterliegt in der Schweiz keinen Beschränkungen.

EINREISE

Touristen aus EU-Ländern benötigen für die Einreise in die Schweiz einen Reisepass oder Personalausweis. Für Kinder bis 16 Jahre ist ein Kinderausweis erforderlich (sofern sie nicht im Ausweis der Eltern eingetragen sind).

ELEKTRIZITÄT

Wer kennt den Ärger mit Steckern/Steckdosen nicht? Nachdem zwanzigjährige Bemühungen, wenigstens innerhalb der EU einen Eurostecker durchzusetzen, gescheitert sind, werden sich wohl noch Generationen von Reisenden mit Adaptern behelfen müssen – auch in der Schweiz.

FEIERTAGE

Als Feiertage gelten in der ganzen Schweiz: Neujahr, Karfreitag, Ostersonntag, Ostermontag, Christi Himmelfahrt (in der Schweiz »Auffahrt«), 1. August (Nationalfeiertag), erster und zweiter Weihnachtstag.

FERIEN AUF DEM BAUERNHOF

Eine preisgünstige Alternative zum Hotel, besonders auf die Bedürfnisse von Familien zugeschnitten, sind »Ferien auf dem Bauernhof«. Weitere Möglichkeiten: »Schlaf im Stroh«, Berghäuser und Berghütten. Verzeichnisse durch Berner Oberland Tourismus.

GELD

Der Schweizer Franken behält über das Jahr 2001 hinaus seine Gültigkeit – und wohl auch seinen Wert, trotz Euroland. Ein Euro entspricht etwa CHF 1,47.

GESUNDHEIT

Wer nichts riskieren will, schließt für die Dauer des Aufenthalts in der Schweiz eine (recht preisgünstige) Reisekrankenversicherung ab. Ärztliche Leistungen müssen in der Schweiz meistens bar bezahlt werden. Stets eine detaillierte Rechnung verlangen, damit es bei der Rückerstattung keine Probleme gibt.

HAUSTIERE

Hunde und Hauskatzen benötigen ein tierärztliches Gesundheitszeugnis (mindestens einen Monat, höchstens ein Jahr alt).

HOTELS

Billig sind sie nicht gerade, die Schweizer Hotels, doch besteht in der Regel ein gutes Preis-Leistungs-Verhältnis. Günstige Unterkünfte findet man vor allem in den kleineren Orten – in Gstaad oder Grindelwald bezahlt man halt auch den Namen mit. Hotelverzeichnis bei Berner Oberland Tourismus.

INFORMATIONEN

In Deutschland: Schweiz Tourismus, 60070 Frankfurt/M., Postfach 16 07 54; Tel. 069/2 56 00 10, Fax 25 60 02 56, E-Mail info@schweiz.de, Internet www.myswitzerland.com

Im Berner Oberland: Berner Oberland Tourismus, Jungfraustraße 28, CH-3800 Interlaken; Tel. +41(0)33/823 03 03, Fax 823 03 30, E-Mail info@berneroberland.com, Internet www.berneroberland.com

Wichtige regionale Infostellen:
Tourist Center, CH-3715 Adelboden; Tel. +41(0)33/673 80 80, Fax 673 80 92, E-Mail info@adelboden.ch, Internet www.adelboden.ch
Alpen Region *Brienz-Meiringen-Hasliberg*, CH-3860 Meiringen; Tel. +41(0)33/972 50 50, Fax 972 50 55, E-Mail info@alpenregion.ch, Internet www.alpenregion.ch
Grindelwald Tourismus, CH-3818 Grindelwald; Tel.+41(0)33/854 12 12, Fax 854 12 10, E-Mail touristcenter@grindelwald.ch, Internet www.grindelwald.ch
Gstaad Saanenland Tourimus, CH-3780 Gstaad; Tel. +41(0)33/748 81 84, Fax 748 81 83, E-Mail gst@gstaad.ch, Internet www.gstaad.ch
Interlaken Tourismus, Höheweg 37, CH-3800 Interlaken; Tel. +41(0)33/826 53 00, Fax 826 53 75, E-Mail info@InterlakenTourism.ch, Internet www.InterlakenTourism.ch
Kandersteg Tourismus, CH-3718 Kandersteg; Tel. +41(0)33/675 80 80, Fax 675 80 81, E-Mail info@kandersteg.ch, Internet www.kandersteg.ch
Tourist Center *Lenk*, CH-3775 Lenk; Tel +41(0)33/733 31 31, Fax 733 20 27; E-Mail info@lenk.ch, Internet www.lenk.ch
Thunersee Tourismus, Postfach 149, CH-3602 Thun; Tel. +41(0)33/251 00 00, Fax 251 00 88, E-Mail info@thunersee.ch, Internet www.thunersee.ch
Wengen–Mürren, Tourist Informationen, Bahnhofplatz, CH-3822 Lauterbrunnen; Tel. +41(0)33/856 85 68, Fax 856 85 69, E-Mail info@wengen-muerren.ch, Internet www.wengen-muerren.ch
Zweisimmen Tourismus, Postfach 450, CH-3770 Zweisimmen; Tel. +41(0)33/722 11 33, Fax 722 25 85, E-Mail tourismus@zweisimmen.ch, Internet www.zweisimmen.ch

JUGENDHERBERGEN

Jugendherbergen stehen allen Gästen zur Verfügung, die eine gültige Mitgliedskarte besitzen. Keine Altersbeschränkung! Auskünfte und Verzeichnis bei den Schweizer Jugendherbergen, Schaffhauser Straße 14, CH-8042 Zürich; Tel. 01/360 14 14, Fax 360 14 60, Internet www.youthhostel.ch

KREDITKARTEN

In den meisten Hotels und Restaurants, aber auch in vielen Geschäften und an Tankstellen kann man mit den gängigen Kreditkarten bezahlen.

MIETWAGEN

In den größeren Touristenorten und in den Städten gibt es Autovermietungen; bei international tätigen Firmen kann der Leihwagen bereits vor Antritt der Reise gebucht werden.

MILITÄR

In den Schweizer Alpen wird (in der Regel nur außerhalb der Hauptreisezeiten) gelegentlich scharf geschossen, z. B. am Sustenpass oder im Urbachtal. Entsprechende Hinweise finden sich bei den Touren; Schießanzeigen machen auf die Gefahr aufmerksam. Wer einen Blindgänger entdeckt (nie berühren!), meldet dies der Polizei.

NATURSCHUTZGEBIETE

In den Berner Alpen gibt es zahlreiche regionale Schutzgebiete, beispielsweise an der Grimsel. Vor kurzem ist die Jungfrau-Region in die UNESCO-Liste der Weltnaturgüter aufgenommen worden. Auch hier gilt (wie überall in der Natur): keinen Müll zurücklassen, markierte Wege nicht verlassen, Weidegatter schließen, Wildtiere nicht unnötig aufscheuchen und keine Blumen abreißen.

NOTRUFE

Schweizerische Rettungsflugwacht (REGA) Nr. 1414, Polizei Nr. 117 (auch für Bergrettung), Feuerwehr Nr. 118, Pannendienst Nr. 140.

ÖFFNUNGSZEITEN

Banken: Mo–Fr 8.30–12 Uhr, 14–16.30 Uhr (in Städten auch durchgehend).
Geschäfte: Mo–Fr 8.30–12.30 Uhr, 13.30–18.30 Uhr, Sa 8–12.30 Uhr, 13.30–17 Uhr, Do bis 21 Uhr (Abweichungen möglich, Einkaufszentren durchgehend geöffnet).
Post: In größeren Orten Mo–Fr 7.30–12 Uhr, 13.45–18 Uhr, Sa 8–11 Uhr.

POSTBUSSE

Die gelben Postbusse mit dem unverkennbaren Dreiklanghorn (übrigens aus der Oper »Wilhelm Tell« von Rossini) sind von den Schweizer Berg- und Passstraßen nicht wegzudenken. Sie verbinden auch abgelegene Weiler so regelmäßig wie zuverlässig mit dem Tal. Fahrkarten kann man bei der Post oder im Bus lösen.

Bequem reist man mit dem Postbus.

POSTGEBÜHREN

Briefe und Postkarten ins benachbarte Ausland kosten CHF 1,20 (bis 20 Gramm); eilige Sendungen mit dem Vermerk »Prioritaire« sind mit CHF 1,30 zu frankieren.

SCHIFFFAHRT

Auf den beiden großen Seen (Brienzer, Thuner) verkehren Linienschiffe, die alle wichtigen Uferorte anlaufen.

SEGELN/SURFEN

An Brienzer und Thuner See gibt es mehrere Segel- und Surfschulen. Daneben ist auch Wasserski fahren recht beliebt. Infos durch die regionalen Tourismusorganisationen.

TELEFON

Internationale Vorwahl Schweiz 0041, Vorwahl außerhalb des Ortsnetzes überall im Berner Oberland (0)33. Die meisten öffentlichen Fernsprecher funktionieren mit Telefonkarten, die man bei allen Postämtern und in Kiosken kaufen kann (Taxcard zu CHF 10,– und 20,–). Vorwahl nach Deutschland 0049. Das Handy (in der Schweiz Natel genannt) funktioniert in Bergregionen oft schlecht; es darf beim Autofahren nur mit Freisprechanlage benutzt werden.

TREIBSTOFFPREISE

Benzin ist in der Schweiz billiger als in den Nachbarländern, Diesel kaum. Viele Tankstellen haben auf Geld- oder Kreditkarten-Automaten umgestellt.

TRINKGELDER

Grundsätzlich ist die Bedienung im Preis inbegriffen, doch freut sich das (meistens schlecht bezahlte) Personal in der Gastronomie über jedes Trinkgeld. Bei einem aufmerksamen Service im Restaurant sind etwa 10 % des Rechnungsbetrages durchaus angemessen.

VERKEHRSREGELN

Erlaubte Höchstgeschwindigkeit in den Ortschaften ist generell 50 km/h, außerorts 80 km/h, auf Autobahnen 120 km/h.

Für Fahrzeuge mit Anhänger gilt maximal 80 km/h. Auf Bergstrecken hat grundsätzlich der bergwärts Fahrende Vorrang; einzige Ausnahme sind die gelben Postbusse, die immer Vorfahrt haben. Promillegrenze 0,8 – es wird recht fleißig kontrolliert!

WANDERKARTEN

In Buchhandlungen, Kiosken und Sportgeschäften bekommt man überall gute Wanderkarten; sehr zu empfehlen sind die neuen Landkarten im Maßstab 1:50 000 mit Wanderwegeaufdruck. In den Tourenkästen bei den Wanderungen sind die jeweiligen Kartenblätter genannt.

Hoch hinaus führt so manche Bergbahn.

WETTERBERICHT

Schweizerische Meteorologische Anstalt (SMA) über 0 848 800 162 mit Fünftage-Prognose.

ZEITUNGEN

Im Berner Oberland bekommt man überall die wichtigen deutsch-schweizer Tageszeitungen wie »Berner Zeitung«, »Tages Anzeiger« oder »Neue Zürcher Zeitung«, in aller Regel auch deutsche Tageszeitungen und Magazine. Interessante Einblicke in die regionale Politik, in Kultur und Tagesthemen vermittelt die zweimal wöchentlich erscheinende »Jungfrau Zeitung« (mit den identischen Ablegern »Der Brienzer«, »Der Oberhasler« und »Echo von Grindelwald«).

ZOLL

Die Schweiz gehört nicht der EU an; deshalb sind Ein- und Ausfuhren zu verzollen. Zollfreigrenzen pro erwachsene Person bei der Ausreise: 200 Zigaretten oder 250 g Tabak, 1 Liter Spirituosen (über 22 % Alkohol), 2 Liter Wein und Geschenke im Wert von 175 Euro.

REGISTER

Kursive Seitenzahlen verweisen auf Abbildungen.

BERNER OBERLAND

TOUREN KARTEN

Zum Heraustrennen

BRUCKMANN

1 Hochstollen, 2481 m und Balmeregghorn

Etappen: Käserstatt – Hochstollen – Melchsee – Balmeregghorn – Planplatten – Käserstatt

mittel

21 km

7 Std.

↑ 1600 m
↓ 1600 m

Ausgangs-/Endpunkt: Käserstatt (1831 m), Bergstation der von Hasliberg-Wasserwendi ausgehenden Gondelbahn.
Kleine Variante: Hochstollen (2481 m) mit Abstieg auf dem gleichen Weg, 3 1/4 Std.
Wanderkarten: Landeskarte der Schweiz 1:50 000, Blatt 255T »Sustenpass« mit Wanderwegeaufdruck; Landeskarte der Schweiz 1:25 000, Blatt 1210 »Innertkirchen«; Kümmerly+Frey 1:60 000 »Jungfrau-Region–Haslital«.
Markierung: Weiß-rot-weiß, gelbe Wegzeiger.
Verkehrsanbindung: Zu den Weilern des Haslibergs führt vom Brünigpass eine gut ausgebaute Straße; Postbus. Die Gondelbahn Käserstatt verkehrt von Mitte Juni bis Ende Oktober täglich von 8.30 bis 17.15 Uhr.
Einkehr/Unterkunft: Berghaus Käserstatt (1831 m), bei der Seilbahnstation; Hotel Posthuis, Melchsee-Frutt (1902 m); Panorama-Restaurant Planplatten (2225 m); Hääggen (1961 m).
Tourist-Info: Alpenregion Brienz–Meiringen–Hasliberg, Bahnhofstraße 22, CH-3860 Meiringen; Tel. +41(0)33/972 50 50, Fax 972 50 55, E-Mail info@alpenregion.ch, www.alpenregion.ch.

Fels und Eis der Sustenregion vom Weg nach Planplatten.

2 Reichenbachfall und Aareschlucht

Etappen: Meiringen – Willigen – Reichenbachfall – Geissholz – Wychel – Aareschlucht – Meiringen

leicht

11 km

3 ½ Std.

↑ 400 m
↓ 400 m

ja

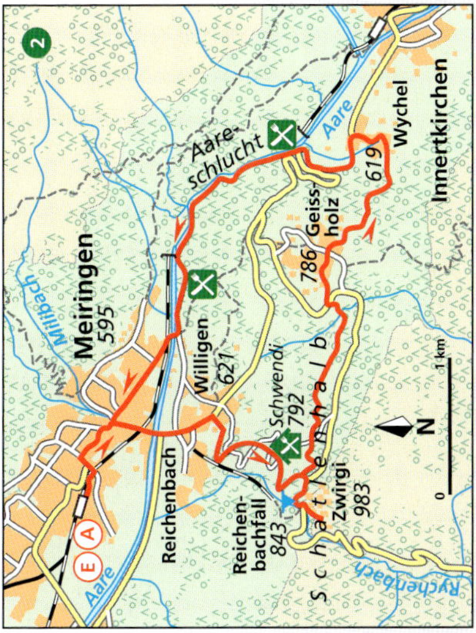

Ausgangs-/Endpunkt: Meiringen (Bahnhof).
Kleine Variante: Von Willigen mit der Standseilbahn hinauf zum Reichenbachfall (843 m); Gesamtgehzeit dann etwa 2 ½ Std.
Wanderkarten: Landeskarte der Schweiz 1:50 000, Blatt 255T »Sustenpass« mit Wanderwegeaufdruck; Landeskarte der Schweiz 1:25 000, Blatt 1210 »Innertkirchen«; Kümmerly+Frey 1:60 000 »Jungfrau-Region–Oberhasli«.
Markierung: Gelb und weiß-rot-weiß, gelbe Wegzeiger.
Verkehrsanbindung: Meiringen hat gute Bahnverbindungen mit Interlaken – Thun und Sarnen – Luzern. Die Standseilbahn zum Reichenbachfall verkehrt von Mitte Mai bis Anfang Oktober von 8.15 bis 17.45 Uhr.
Einkehr: Hotel Schwendi, Zwirgi (oberhalb des Reichenbachfalls), am Ein- und Ausgang der Aareschlucht.
Tourist-Info: Alpenregion Brienz–Meiringen–Hasliberg, Bahnhofstraße 22, CH-3860 Meiringen;
Tel +41(0)33/972 50 50. Fax 972 50 55,
E-Mail info@alpenregion.ch,
Internet www.alpenregion.ch.

3 Tierberglihütte, 2795 m

Etappen: Steingletscher – Tierberglihütte

anspr.

12 km

5 Std.

↑ 930 m
↓ 930 m

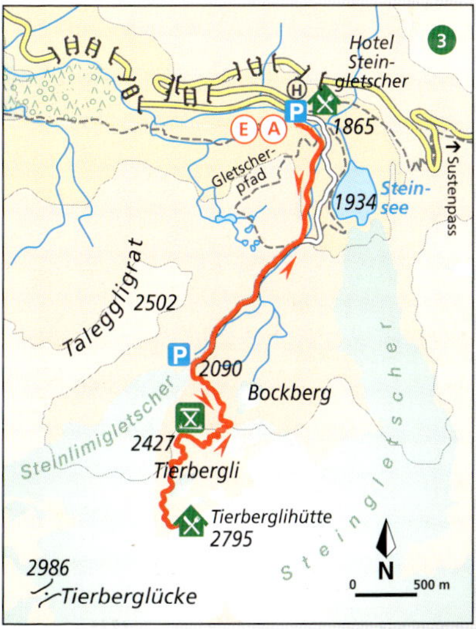

Ausgangs-/Endpunkt: Parkplatz beim Hotel Steingletscher (1865 m) an der Sustenpassstraße.
Kleine Variante: Auf einem Asphaltsträßchen (Gebühr beim Ticketautomat bezahlen) kann man vom Hotel Steingletscher bis ins Vorfeld des Steinlimigletschers (ca. 2095 m) fahren, 3 km. Dadurch verkürzt sich die Gesamtgehzeit auf etwa 3 ¼ Std. Gletscherpfad: → Tipp siehe Sustenpass (S. 16).
Wanderkarten: Landeskarte der Schweiz 1:50 000, Blatt 255T »Sustenpass« mit Wanderwegeaufdruck; Kümmerly+Frey 1:60 000 »Jungfrau-Region–Oberhasli«.
Markierung: Weiß-rot-weiß, ab Straßenende weiß-blau-weiß.
Verkehrsanbindung: Das Hotel Steingletscher liegt an der Westrampe der Sustenstraße.
Einkehr/Unterkunft: Hotel Steingletscher 1865 m) an der Sustenpassstraße. Tierberglihütte (2795 m), bewirtschaftet Juli bis September; Tel. 033/971 27 82.
Tourist-Info: Alpenregion Brienz–Meiringen–Hasliberg, Bahnhofstraße 22, CH-3860 Meiringen.

4 Furtwangsattel, 2568 m

Etappen: Furen – Windegghütte – Trifttälli – Furtwangsattel – Holzhüs – Guttannen

anspr.

20 km

8 3/4 Std.

↑1600 m ↓1500 m

Ausgangspunkt: Furen (1149 m) an der Sustenstraße.
Endpunkt: Guttannen (1057 m) an der Grimselstraße.
Kleine Variante: Furen – Gletschersteig – Windegghütten – Furen, ca. 5 1/2 Std.
Wanderkarten: Landeskarte der Schweiz 1:50 000, Blatt 255T »Sustenpass« mit Wanderwegeaufdruck; Kümmerli+Frey 1:60 000 »Jungfrau-Region-Oberhasli«.
Markierung: Weiß-rot-weiß, gelbe Wegzeiger.
Verkehrsanbindung: Ausgangs- und Endpunkt dieser Tour liegen an der Susten- bzw. Grimsel-Passstraße, ab Innertkirchen je etwa 10 km. Postbusverbindungen ab Meiringen/Innertkirchen.
Unterkunft: Windegghütten (1887 m), bewirtet Juli bis September; Tel. 033/975 11 10.
Tourist-Info: Alpenregion Brienz–Meiringen–Hasliberg, Bahnhofstraße 22, CH-3860 Meiringen; Tel. +41(0)33/972 50 50, Fax 972 50 55, E-Mail info@alpenregion.ch, Internet www.alpenregion.ch.

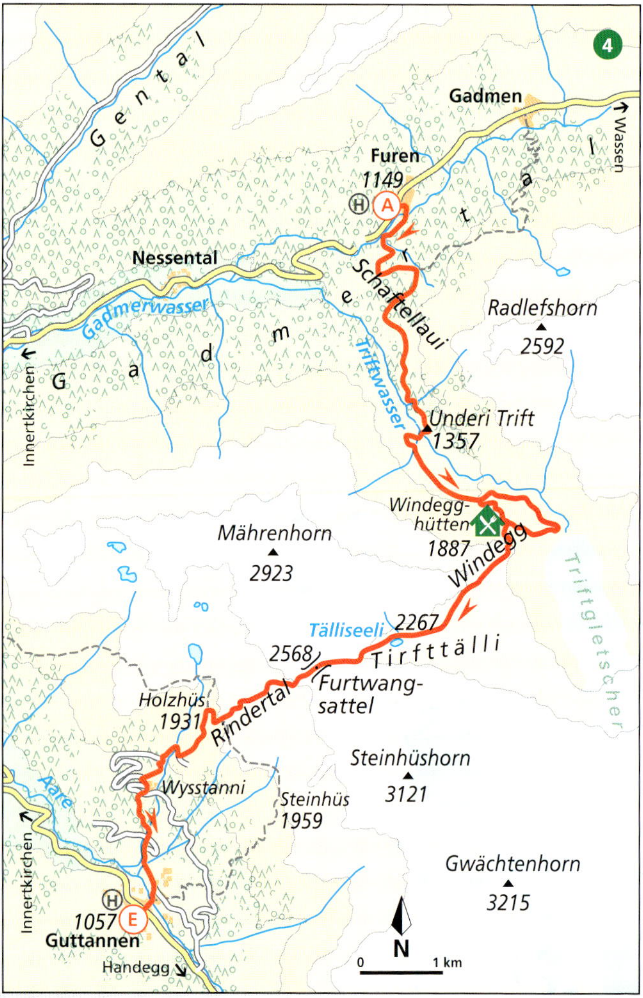

5 Grimselpass, 2165 m

Etappen: Guttannen – Handegg – Räterichsboden – Grimselsee – Grimselpass

leicht
15 km
4 1/2 Std.
↑1110 m
ja

Ausgangspunkt: Guttannen (1057 m) im Haslital.
Endpunkt: Grimselpass (2165 m).
Kleine Variante: »Grims-Kristallweg« von Handegg zum Grimsel-Hospiz; 2 1/2 Std.
Wanderkarten: Landeskarte der Schweiz 1:50 000, Blätter 255T »Sustenpass« und 265T »Nufenenpass« mit Wanderwegeaufdruck; Kümmerly+Frey 1:60 000 »Jungfrau-Region–Oberhasli«.
Markierung: Gelb, weiß-rot-weiß, gelbe Wegzeiger.
Verkehrsanbindung: Die Grimselstraße verbindet das Haslital mit dem Oberwallis (Goms); Meiringen – Grimselpass – Gletsch 38 km. Über den Pass fährt im Sommer ein Linienbus.
Einkehr/Unterkunft: Gasthöfe und Hotels in Guttannen, Handegg, Grimsel Hospiz und Grimselpass.
Tourist-Info: Alpenregion Brienz–Meiringen–Hasliberg, Bahnhofstraße 22, CH-3860 Meiringen; Tel. +41(0)33/972 50 50, Fax 972 50 55, E-Mail info@alpenregion.ch, Internet www.alpenregion.ch.

6 Gelmerhütte, 2412 m

Etappen: Grimselstraße – Gelmersee – Gelmerhütte

mittel

10 km

5 Std.

↑820 m
↓820 m

Ausgangs-/Endpunkt: Bushalt und Parkplatz Chüenzentennlen (1596 m) an der Grimselstraße.
Kleine Variante: Seerundgang auf markierten Wegen, 1 1/4 Std. von der Bergstation der Gelmer-Standseilbahn, 2 3/4 Std. ab Chüenzentennlen.
Wanderkarten: Landeskarte der Schweiz 1:50 000, Blatt 255T »Sustenpass«; Landeskarte der Schweiz 1:25 000, Blatt 1230 »Guttannen«; Kümmerly+Frey 1:60 000 »Jungfrau-Region–Oberhasli«.
Markierung: Weiß-rot-weiß, gelbe Wegzeiger.
Verkehrsanbindung: Über die Grimsel-Passstraße, 18 km von Innertkirchen, 9 km von der Passhöhe. Gute Busverbindungen mit Meiringen und Oberwald (Wallis). Bei Handegg (1401 m; Parkplatz) befindet sich die Talstation der ehemaligen Gelmer-Werksbahn.
Einkehr/Unterkunft: Gelmerhütte (2412 m), bewirtschaftet Juli bis September; Tel. 033/973 11 80.
Tourist-Info: Alpenregion Brienz–Meiringen–Hasliberg, Bahnhofstraße 22, CH-3860 Meiringen; Tel. +41(0)33/972 50 50, Fax 972 50 55, E-Mail info@alpenregion.ch, Internet www.alpenregion.ch.

7 Lauteraarhütte, 2393 m

Etappen: Grimsel-Hospiz – Grimselsee – Lauteraarhütte

mittel

20 km

7 Std.

↑750 m
↓750 m

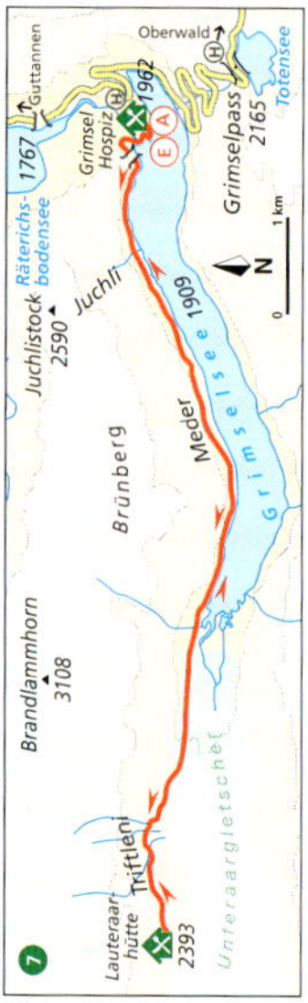

Ausgangs-/Endpunkt: Grimsel-Hospiz am Spittelnollen (1980 m); Zufahrt von der Grimselpassstraße. Großer Parkplatz.
Kleine Variante: Wanderung bis zum oberen Seeende und zurück; Gesamtgehzeit 5 Std.
Wanderkarten: Landeskarte der Schweiz 1:25 000, Blätter 1230 »Guttannen« und 1250 »Ulrichen«; Kümmerly+Frey 1:60 000 »Jungfrau-Region–Oberhasli«.
Markierung: Weiß-rot-weiß bis zum Seeende, dann weiß-blau-weiß; auf dem Unteraargletscher auch Stangen.
Verkehrsanbindung: Der Grimselpass (2165 m) verbindet das Haslital mit dem Goms (Oberwallis), 30 km von Meiringen bis zum Grimsel-Stausee. Postbuslinie.
Einkehr/Unterkunft: Grimsel-Hospiz (1962 m). Lauteraarhütte (2393 m), bewirtschaftet Juli und August; Tel. 033/973 11 10.
Tourist-Info: Alpenregion Brienz–Meiringen–Hasliberg, Bahnhofstraße 22, CH-3860 Meiringen; Tel. +41(0)33/972 50 50, Fax 972 50 55, E-Mail info@alpenregion.ch, Internet www.alpenregion.ch.

8 Große Scheidegg, 1962 m

Etappen: Schwarzwaldalp – Pfanni – Cheerhubel – Große Scheidegg – Schwarzwaldalp

leicht
13 km
4 1/2 Std.
↑850 m ↓850 m
ja

Ausgangs-/Endpunkt: Schwarzwaldalp (1456 m) im Reichenbachtal.
Kleine Variante: »Romantikweg«: Aufstieg zur Pfannialm, dann direkt zum Scheidegg-Oberläger und weiter wie beschrieben zur Großen Scheidegg; Gesamtgehzeit 3 1/2 Std.
Wanderkarten: Landeskarte der Schweiz 1:50 000, Blatt 254T »Interlaken« mit Wanderwegeaufdruck; Landeskarte der Schweiz 1:25 000, Blatt 2520 »Jungfrau-Region«; Kümmerly+Frey 1:60 000 »Jungfrau-Region–Oberhasli«.
Markierung: Weiß-rot-weiß, gelbe Wegzeiger.
Verkehrsanbindung: Durch das Reichenbachtal führt eine teilweise sehr schmale, kurvenreiche Straße, 15 km von Meiringen bis zur Schwarzwaldalp (Wanderparkplatz). Es verkehrt auch ein Postbus.
Einkehr/Unterkunft: Berghotel Große Scheidegg (1962 m), Hotel Chalet Schwarzwaldalp (1456 m).
Tourist-Info: Alpenregion Brienz–Meiringen–Hasliberg, Bahnhofstraße 22, CH-3860 Meiringen;
Tel. +41(0)33/972 50 50, Fax 972 50 55,
E-Mail info@alpenregion.ch,
Internet www.alpenregion.ch.

9 Brienzer Rothorn, 2350 m

Etappen: Brienzer Rothorn – Arnihaaggen – Scheidegg – Wilervorsess – Brünigpass

mittel
13 km
4 1/2 Std.
↑300 m ↓1640 m
ja

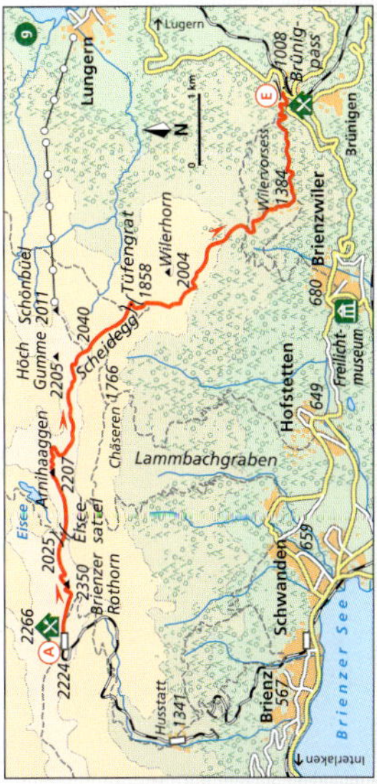

Ausgangspunkt: Bergstation (2224 m) der Brienzer-Rothorn-Bahn.
Endpunkt: Brünigpass (1008 m).
Kleine Variante: Von Bahn zu Bahn: Brienzer Rothorn – Arnihaaggen – Schönbüel (2011 m); 2 1/4 Std.
Wanderkarten: Landeskarte der Schweiz 1:50 000, Blatt 254T »Interlaken«; Kümmerly+Frey 1:60 000 »Jungfrau-Region–Oberhasli«.
Markierung: Weiß-rot-weiß, gelbe Wegzeiger.
Verkehrsanbindung: Brienz liegt an der Bahnlinie Interlaken – Meiringen – Brünigpass – Luzern. Die Brienzer-Rothorn-Bahn verkehrt Anfang Juni bis Ende Oktober; es gibt günstige Wandertickets, z. B. Brienz – Rothorn/Brünig – Brienz.
Einkehr/Unterkunft: Hotel-Restaurant Rothorn Kulm (2266 m), Gipfelrestaurant Rothorn.
Tourist-Info: Tourist Information Brienz–Axalp, CH-3855 Brienz;
Tel. +41(0)33/952 80 80, Fax 952 80 88,
E-Mail info@alpenregion.ch,
Internet www.alpenregion.ch.

10 Giessbachfälle

Etappen: Iseltwald – Giessbach – Giessbachfälle – Schweibenalp – Iseltwald

leicht

12 km

4 ½ Std.

↑ 500 m
↓ 500 m

ja

Ausgangs-/Endpunkt: Iseltwald (566 m), kleines Dorf am Südufer des Brienzer Sees.
Kleine Variante: Nach der Besichtigung der Wasserfälle mit dem Schiff zurück nach Iseltwald; Gehzeit dann 2 ¼ Std.
Wanderkarten: Landeskarte der Schweiz 1:50 000, Blatt 254T »Interlaken« mit Wanderwegeaufdruck; Kümmerly+Frey 1:60 000 »Jungfrau-Region–Oberhasli«.
Markierung: Gelbe Rhomben, gelbe Wegzeiger.

Verkehrsanbindung: Iseltwald liegt unterhalb der Schnellstraße Interlaken – Meiringen; es hat Busverbindung mit Interlaken. Mit dem Kursschiff kommt man über den Brienzer See zu dem Uferdorf.
Einkehr/Unterkunft: Grandhotel Giessbach (666 m).
Tourist-Info: Tourist Information Brienz–Axalp, CH-3855 Brienz; Tel. +41(0)33/952 80 80, Fax 952 80 88, E-Mail info@alpenregion.ch, Internet www.alpenregion.ch.

Naturschauspiel Giessbachfälle.

11 Augstmatthorn, 2137 m

Etappen: Harderkulm – Horet – Suggiture – Augstmatthorn – Bodmi – Habkern

anspr.

16 km

6 1/4 Std.

↑900 m
↓1140 m

Ausgangspunkt: Bergstation (1306 m) der Harder-Standseilbahn.
Endpunkt: Habkern (1055 m) im Tal des Lombachs, 9 km von Interlaken.
Kleine Variante: Von der Alp Horet kann man auch – den Gipfel auslassend – direkt nach Habkern absteigen; Gesamtgehzeit etwa 3 1/2 Std.
Wanderkarten: Landeskarte der Schweiz 1:50 000, Blatt 254T »Interlaken« mit Wanderwegeaufdruck; Landeskarte der Schweiz 1:25 000, Blatt 1208 »Beatenberg«; Kümmerly+Frey 1:60 000 »Jungfrau-Region–Oberhasli«.
Markierung: Weiß-rot-weiß, gelbe Wegzeiger.
Verkehrsanbindung: Die Standseilbahn Interlaken – Harderkulm ist von Anfang Mai bis Ende Oktober in Betrieb; erste Bergfahrt wochentags 9.10 Uhr, sonntags 8.10 Uhr. Von Habkern fährt man mit dem Postbus zurück nach Interlaken.
Einkehr: Harder Kulm (1321 m), Gasthöfe in Habkern.
Tourist-Info: Interlaken Tourismus, Höheweg 37, CH-3800 Interlaken; Tel. +41(0)826 53 00, Fax 826 53 75, E-Mail mail@InterlakenTourism.ch, Internet www.InterlakenTourism.ch.

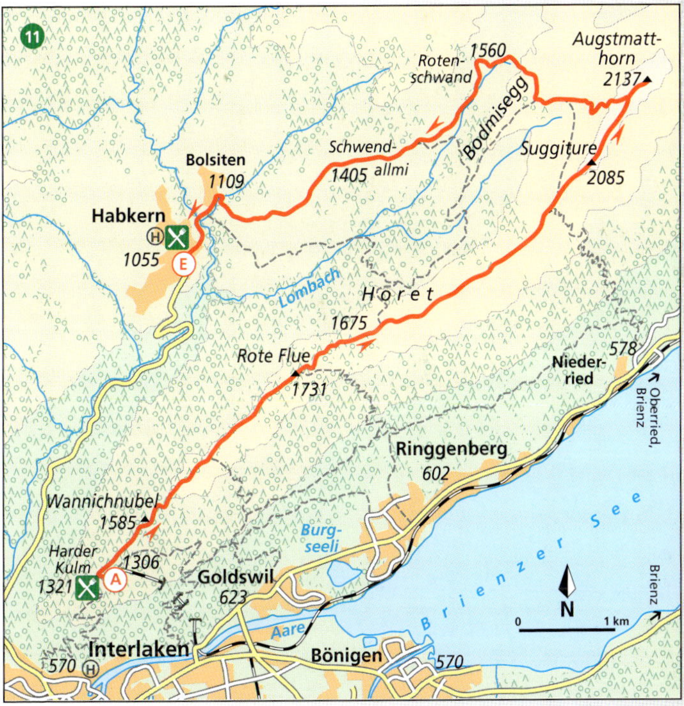

12 Faulhorn, 2681 m

Etappen: Schynige Platte – Faulhorn – First

leicht
17 km
5 3/4 Std.
↑780 m ↓520 m
ja

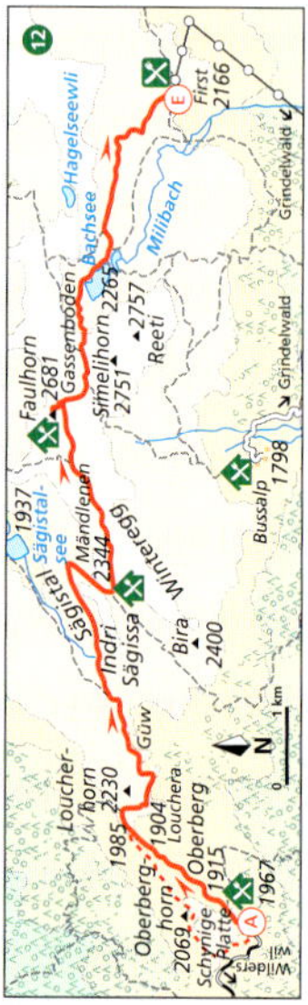

Ausgangspunkt: Bergstation der Zahnradbahn Wilderswil – Schynige Platte (1967 m).
Endpunkt: Bergstation der Gondelbahn Grindelwald – First (2166 m).
Kleine Variante: Siehe »Variante«, S. 53.
Wanderkarten: Landeskarte der Schweiz 1:50 000, Blatt 254T »Interlaken«; Landeskarte der Schweiz 1:25 000, Blatt 2520 »Jungfrau-Region«; Kümmerly+Frey 1:60 000 »Jungfrau-Region–Oberhasli«.
Markierung: Weiß-rot-weiß, gelbe Wegzeiger.
Verkehrsanbindung: Von Wilderswil fährt man mit der Zahnradbahn hinauf zur Schynigen Platte (1967 m). Die First-Gondelbahn verkehrt von Mitte Mai bis Mitte Oktober von 8.30 bis 16.30 Uhr; Ende Juni bis Mitte September erste Fahrt um 8 Uhr, letzte Fahrt um 18 Uhr. Stündliche Bahnverbindung zwischen Wilderswil und Grindelwald.
Einkehr/Unterkunft: Hotel Schynige Platte (1967 m), Berghaus Mändlenen (Weberhütte, 2344 m), Berghotel Faulhorn (2681 m), Berggasthaus First (2166 m).
Tourist-Info: Grindelwald Tourismus, Postfach 124, CH-3818 Grindelwald; Tel. +41(0)33/ 854 12 12, Fax 854 12 10, E-Mail touristcenter@grindelwald.ch, Internet www.grindelwald.ch.

13 Höhenweg 2000

Etappen: Bussalp – Höhenweg 2000 – Waldspitz – Grindelwald

leicht
13 km
4 Std.
↑480 m ↓1240 m
ja

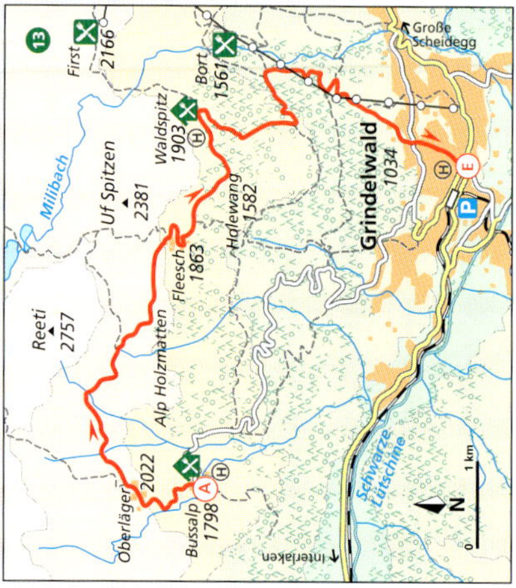

Ausgangspunkt: Bussalp (1798 m) oberhalb von Grindelwald.
Endpunkt: Grindelwald (1034 m).
Kleine Varianten: Talfahrt ab Waldspitz (1903 m) mit dem Grindelwald-Bus oder ab Bort (1565 m) mit der Gondelbahn. Gesamtgehzeit 2 1/2 bzw. 3 Std.
Wanderkarten: Landeskarte der Schweiz 1:50 000, Blatt 254T »Interlaken« mit Wanderwegeaufdruck; Landeskarte der Schweiz 1:25 000, Blatt 2520 »Jungfrau-Region«; Kümmerly+Frey 1:60 000 »Jungfrau-Region–Oberhasli«.
Markierung: Weiß-rot-weiß, im Abstieg auch gelb; gelbe Wegzeiger.
Verkehrsanbindung: Grindelwald erreicht man von Interlaken per Bahn oder über eine gute Straße. Gebührenpflichtige Parkplätze am Bahnhof und im weiteren Ortsbereich. Der Grindelwald-Bus fährt Bussalp und Waldspitz an, von Ende Juni bis Anfang Oktober.
Einkehr: Restaurant Bussalp (1798 m), Restaurant Waldspitz (1903 m).
Tourist-Info: Grindelwald Tourismus, Postfach 124, CH-3818 Grindelwald; Tel. +41(0)33 854 12 12, Fax 854 12 10, E-Mail touristcenter@grindelwald.ch, Internet www.grindelwald.ch.

14 Glecksteinhütte, 2317 m

Etappen: Hotel Wetterhorn – Ischpfad – Glecksteinhütte

anspr.
11 km
6 Std.
↑1190 m ↓1190 m

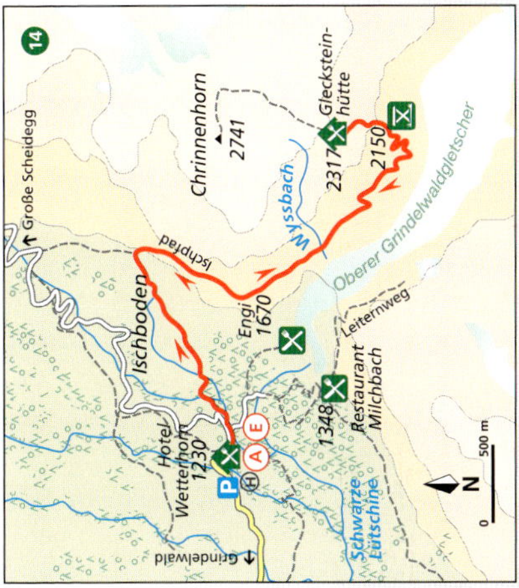

Ausgangs-/Endpunkt: Hotel Wetterhorn (1230 m) an der Straße zur Großen Scheidegg.
Wanderkarten: Landeskarte der Schweiz 1:50 000, Blatt 254T »Interlaken« mit Wanderwegeaufdruck; Landeskarte der Schweiz 1:25 000, Blatt 2520 »Jungfrau-Region«; Kümmerly+Frey 1:60 000 »Jungfrau-Region–Hasliberg«.
Markierung: Weiß-rot-weiß, gelbe Wegzeiger.
Verkehrsanbindung: Grindelwald erreicht man von Interlaken mit der Bahn oder über eine gute Straße, 20 km. Weiterfahrt bis zum großen (gebührenpflichtigen) Parkplatz beim Hotel Wetterhorn (1230 m) möglich, 4 km. Ab Bahnhof Grindelwald auch mit dem Grindelwald-Bus.
Einkehr/Unterkunft: Glecksteinhütte (2317 m), bewirtschaftet Juli bis September, im Juni und Oktober nur zeitweise; Tel. 033/853 11 40.
Tourist-Info: Grindelwald Tourismus, Postfach 124, CH-3818 Grindelwald; Tel. +41(0)33/854 12 12, Fax 854 12 10, E-Mail infocenter@grindelwald.ch, Internet www.grindelwald.ch.

15 Schreckhornhütte, 2529 m

Etappen: Pfingstegg – Stieregg – Rots Gufer – Schreckhornhütte

anspr.
15 km
7 1/2 Std.
↑1200 m ↓1200 m

Ausgangs- und Endpunkt: Seilbahnstation Pfingstegg (1392 m).
Kleine Variante: Wanderung zum Stieregg, hin und zurück 2 1/4 Std.
Wanderkarten: Landeskarte der Schweiz 1:25 000, Blatt 2520 »Jungfrau-Region«; Kümmerly+Frey 1:60 000 »Jungfrau-Region–Oberhasli«.
Markierung: Weiß-rot-weiß und weiß-blau-weiß, gelbe Wegzeiger.
Verkehrsanbindung: Grindelwald hat Bahnverbindung mit Interlaken. Die Pfingstegg-Seilbahn verkehrt von Mai bis Oktober von 8.30–18 Uhr; Ende Juni bis Mitte September bis 19 Uhr.
Einkehr: Restaurant Pfingstegg (1392 m), Restaurant Stieregg (1650 m).
Unterkunft: Schreckhornhütte (2529 m), bewartet Ende Juni bis Ende September; Tel. 033/855 10 25.
Tourist-Info: Grindelwald Tourismus, Postfach 124, CH-3818 Grindelwald; Tel. +41(0)33/854 12 12, Fax 854 12 10, E-Mail touristcenter@grindelwald.ch, Internet www.grindelwald.ch.

Wanderkompakt Berner Oberland
Bruckmann

16 Eiger-Trail

Etappen: Kleine Scheidegg – Station Eigergletscher – »Eiger-Trail« – Alpiglen – Grindelwald

mittel	
9 km	
4 1/2 Std.	
↑ 300 m ↓ 650 m	
ja	

Ausgangspunkt: Bahnstation Kleine Scheidegg (2061 m).
Endpunkt: Grindelwald (1034 m).
Kleine Variante: Von Alpiglen (1616 m) mit der Bahn zurück nach Grindelwald; Gesamtgehzeit 3 Std.
Wanderkarten: Landeskarte der Schweiz 1:25 000, Blatt 2520 »Jungfrau-Region«; Kümmerly+Frey 1:60 000 »Jungfrau-Region–Oberhasli«.
Markierung: Weiß-rot-weiß, gelbe Wegzeiger.
Verkehrsanbindung: Bahnlinien Interlaken – Grindelwald und Grindelwald – Kleine Scheidegg – Wengen – Lauterbrunnen.
Einkehr/Unterkunft: Hotel des Alpes, Alpiglen (1616 m); Restaurant Brandegg (1332 m).
Tourist-Info: Grindelwald Tourismus, Postfach 124, CH-3818 Grindelwald; Tel. +41(0)33/854 12 12, Fax 854 12 10, E-Mail touristcenter@grindelwald.ch, Internet www.grindelwald.ch.

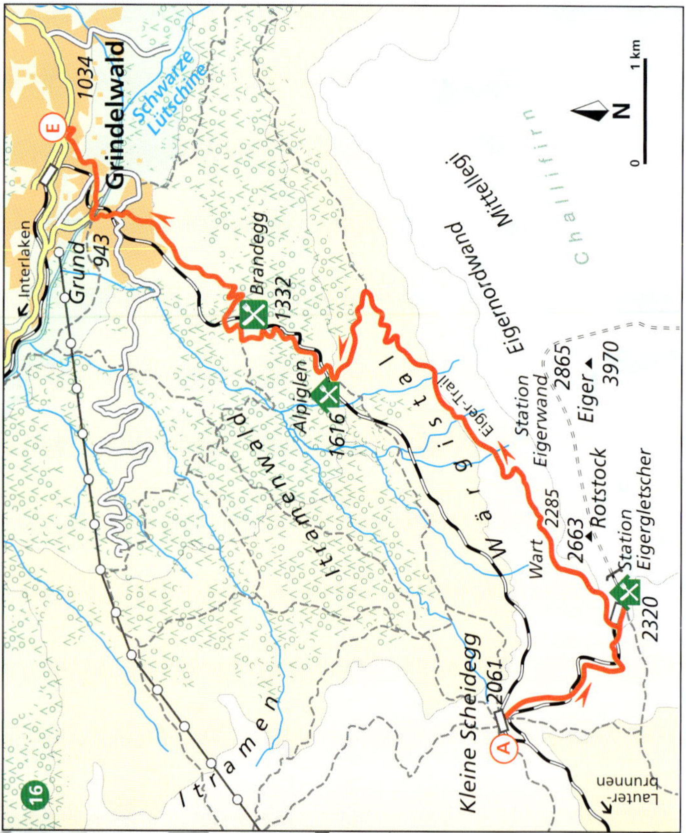

17 Kleine Scheidegg, 2061 m

Etappen: Trümmelbach – Stalden – Biglenalp – Haaregg – Kleine Scheidegg

mittel

12 km

5 Std.

↑1250 m

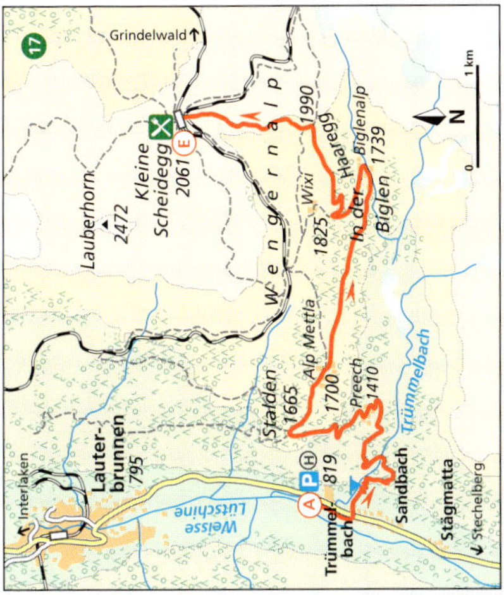

Ausgangspunkt: Trümmelbachfälle (819 m), knapp 3 km von Lauterbrunnen; Bushalt und großer Parkplatz.
Endpunkt: Bahnstation auf der Kleinen Scheidegg (2061 m).
Kleine Variante: Start in Wengen (1275 m), auf dem Höhenweg nach Stalden, dann wie beschrieben zur Kleinen Scheidegg; Gehzeit 3 3/4 Std.
Wanderkarten: Landeskarte 1:25 000, Blatt 2520 »Jungfrau-Region«, Kümmerly+Frey 1:60 000 »Jungfrau-Region–Oberhasli«.
Markierung: Weiß-rot-weiß, gelbe Wegzeiger.
Verkehrsanbindung: Lauterbrunnen besitzt Bahnverbindung mit Interlaken; die Wengernalpbahn verkehrt ganzjährig auf der Strecke Lauterbrunnen – Wengen – Kleine Scheidegg.
Einkehr/Unterkunft: Auf der Kleinen Scheidegg (2061 m).
Tourist-Info: Wengen Tourismus, CH-3823 Wengen;
Tel. +41(0)33/855 14 14, Fax 855 30 60,
E-Mail info@wengen.ch,
Internet www.wengen-muerren.ch.

18 Allmendhubel, 1907 m

Etappen: Lauterbrunnen – Mürren – Allmendhubel – Grütschalp – Lauterbrunnen

mittel

17 km

5 3/4 Std.

↑1200 m
↓1200 m

Ausgangs-/Endpunkt: Lauterbrunnen (795 m) im gleichnamigen Tal.
Kleine Varianten: Unter Einbeziehung der Bergbahnen lässt sich das Pensum fast beliebig variieren.
Wanderkarten: Landeskarte der Schweiz 1:25 000, Blatt 2520 »Jungfrau-Region«; Kümmerly+Frey 1:60 000 »Jungfrau-Region–Oberhasli«.
Markierung: Weiß-rot-weiß, gelbe Wegzeiger.
Verkehrsanbindung: Lauterbrunnen hat Bahnverbindung mit Interlaken und via Grütschalp mit Mürren. Die Standseilbahn Mürren – Allmendhubel verkehrt vom 20. Juni bis 20. Oktober jeweils von 9–17 Uhr.
Einkehr/Unterkunft: Zahlreiche Hotels und Restaurants in Mürren.
Einkehr: »Restaurant Sonnenberg« am Weg zum Allmendhubel; »Allmendhubel«.
Tourist-Info: Tourist Information Mürren, CH-3825 Mürren;
Tel. +41(0)33/856 86 86, Fax 856 86 96,
E-Mail info@muerren.ch,
Internet www.wengen-muerren.ch.

Wandernkompakt Berner Oberland
Bruckmann

19 Tanzbödeli, 2125 m

Etappen: Gimmelwald – Sefinental – Busen – Tanzbödeli – Obersteinberg – Trachsellauenen – Stechelberg

mittel

14 km

5 1/2 Std.

↑ 900 m
↓ 1400 m

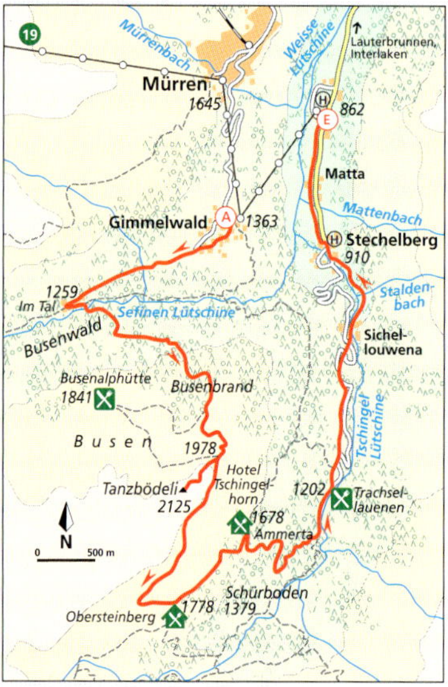

Ausgangspunkt: Gimmelwald (1363 m).
Endpunkt: Talstation der Schilthorn-Seilbahn (862 m) in Stechelberg.
Kleine Variante: Bergabwanderung Gimmelwald – Sefinental – Stechelberg, 2 Std.
Wanderkarte: Landeskarte der Schweiz 1:50 000, Blatt 264T »Jungfrau« mit Wanderwegeaufdruck; Landeskarte 1:25 000, Blatt 1248 »Mürren«; Kümmerly+Frey 1:60 000 »Jungfrau-Region–Oberhasli«.
Markierung: Gelb und weiß-rot-weiß, gelbe Wegzeiger.
Verkehrsanbindung: Zwischen Lauterbrunnen (Bahnhof) und Stechelberg verkehrt ein Linienbus. Die Seilbahn Stechelberg – Gimmelwald verkehrt im Halbstundentakt ab 6.25 Uhr.
Einkehr: Busenalphütte (1841 m), Trachsellauenen (1202 m).
Einkehr/Unterkunft: Hotel Obersteinberg (1778 m), Hotel Tschingelhorn (1678 m).
Tourist-Info: Tourist Information Lauterbrunnen, Bahnhofplatz, CH-3822 Lauterbrunnen; Tel. +41(0)33/856 856 8, Fax 856 856 9, E-Mail Info@lauterbrunnen-tourismus-ch, Internet www.wengen-muerren.ch.

20 Beatushöhlen und Beatenberg, 1173 m

Etappen: Seeuferstraße – Beatushöhlen – Beatenberg – »Pilgerweg« – Seeuferstraße

leicht

8 km

3 Std.

↑ 500 m
↓ 500 m

ja

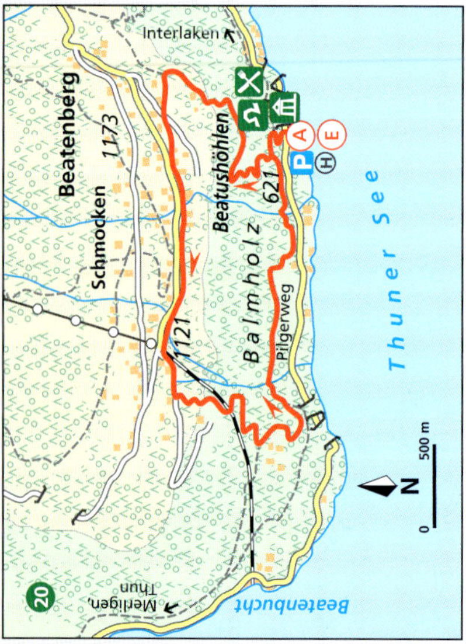

Ausgangs-/Endpunkt: Bushalt bzw. Parkplatz »Beatushöhlen« an der Thuner-See-Nordauferstraße (621 m).
Kleine Variante: Talfahrt zur Beatenbucht mit der Standseilbahn; Gehzeit dann 2 1/2 Std.
Wanderkarten: Landeskarte der Schweiz 1:25 000, Blatt 2519 »Thuner See«; Kümmerly+Frey 1:60 000 »Saanenland–Simmental–Frutigland«.
Markierung: Gelb, weiß-rot-weiß, gelbe Wegzeiger.
Verkehrsanbindung: Die Beatushöhlen erreicht man über die Thuner-See-Nordauferstraße, 6 km von Interlaken. Gute Bus- und Schiffverbindungen.
Einkehr: Am Eingang zu den Beatushöhlen, Beatenberg.
Tourist-Info: Beatenberg Tourismus, CH-3803 Beatenberg; Tel. +41(0)33/841 18 18, Fax 841 18 08, E-Mail info@beatenberg.ch, Internet www.beatenberg.ch.

21 Sigriswiler Rothorn, 2051 m

Etappen: Schwanden-Sagi – Wilerallmi – Unterbergli – Oberbergli – Sigriswiler Rothorn – Berglikehle – Schwanden-Sagi

anspr.

15 km

6 Std.

↑1000 m ↓1000 m

Ausgangs-/Endpunkt: Postbushalt bzw. Wanderparkplatz Sagi (1077 m) bei Schwanden.
Kleine Variante: Wenn man den Gipfel auslässt und von Oberbergli absteigt, reduziert sich die Gesamtgehzeit auf 4 3/4 Std.
Wanderkarten: Landeskarte der Schweiz 1:50 000, Blatt 254T »Interlaken« mit Wanderwegeaufdruck; Landeskarte der Schweiz 1:25 000, Blatt 2519 »Thuner See«; Kümmerly+Frey 1:60 000, Blatt »Jungfrau-Region–Oberhasli«.
Markierung: Gelb und weiß-rot-weiß, gelbe Wegzeiger.

Verkehrsanbindung: Schwanden-Sagi (1077 m) erreicht man vom Nordufer des Thuner Sees über ordentlich ausgebaute Straßen ab Längenschachen und Gunten via Sigriswil, je 7 km. Postbusverbindungen ab Thun; Wanderparkplatz Sagi.
Einkehr: Gasthäuser in Schwanden.
Tourist-Info: Thunersee Tourismus, Postfach, CH-3602 Thun; Tel. +41(0)33/251 00 00, Fax 251 00 88, E-Mail info@thunersee.ch, Internet www.thunersee.ch

Berner Alpen über dem Thuner See; rechts der Niesen.

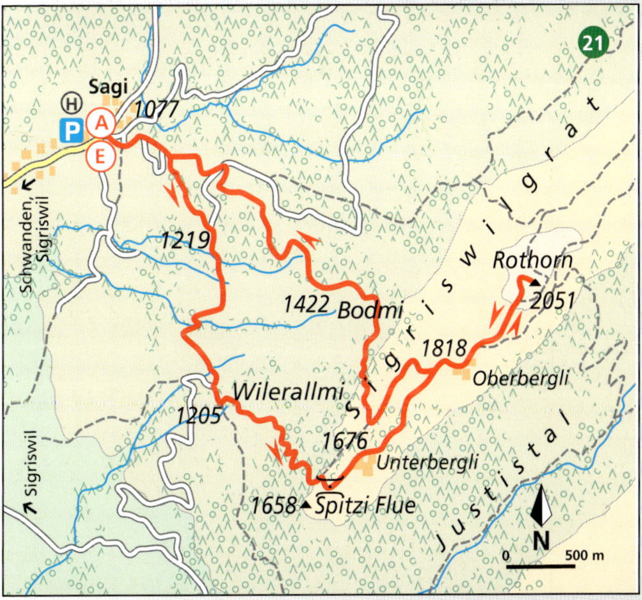

Wanderkompakt Berner Oberland
Bruckmann

22 BLS-Erlebnispfad

Etappen: Kandersteg – Mitholz – Kandergrund – Frutigen

mittel

14 km

4 Std.

↓400 m

ja

Ausgangspunkt: Bahnhof Kandersteg (1176 m).
Endpunkt: Bahnhof Frutigen (780 m).
Kleine Variante: Kandersteg – Kandergrund 2 1/2 Std.
Wanderkarten: Landeskarte der Schweiz 1:50 000, Blätter 253T »Gantrisch« und 263T »Wildstrubel« mit Wanderwegeaufdruck; Kümmerly+Frey 1:60 000 »Saanenland–Simmental–Frutigland«.
Markierungen: Gelbe Rhomben und Wegzeiger, BLS-Erlebnispfad mit braunen Schildern und 45 Infotafeln zur Bahn.
Verkehrsanbindung: Kandersteg und Frutigen sind Stationen der internationalen Linie Bern – Lötschberg – Simplon (BLS). Buslinie Kandersteg – Mitholz – Kandergrund – Frutigen.
Einkehr: In den Ortschaften des Tals.
Tourist-Info: Kandersteg Tourismus, CH-3718 Kandersteg; Tel. +41(0)33/675 80 80, Fax 675 80 81, E-Mail info@kandersteg.ch, www.kandersteg.ch.

23 Hohtürli, 2778 m

Etappen: Liftstation Oeschinen – Heuberg – Oberbärgli – Hohtürli – Blümlisalphütte – Underbärgli – Oeschinensee – Kandersteg

anspr.

18 km

7 3/4 Std.

↑1170 m
↓1660 m

Ausgangspunkt: Bergstation des Oeschinen-Sesselifts (1682 m).
Endpunkt: Kandersteg, Talstation des Oeschinen-Sessellifts (1195 m).
Kleine Variante: Liftstation Oeschinen – Heuberg – Oberbärgli – Unterbärgli – Oeschinensee – Kandersteg, Gehzeit 4 Std.
Hinweis: Natürlich kann man vom Pass auch zur Griesalp (1408 m) im inneren Kiental absteigen, markierter Bergweg; ab Oeschinen-Sessellift knapp 7 Std.
Wanderkarten: Landeskarte der Schweiz 1:50 000, Blatt 264T »Jungfrau« mit Wanderwegeaufdruck; Kümmerly+Frey 1:60 000 »Jungfrau-Region–Oberhasli«.
Markierung: Gelb und weiß-rot-weiß, gelbe Wegzeiger.
Verkehrsanbindung: Kandersteg ist Station der internationalen Bahnlinie Bern – Lötschberg – Simplon (BLS). Der Oeschinen-Sessellift verkehrt Mitte Mai bis Mitte Oktober von 8.45–16.50 Uhr, Mitte Juni bis Mitte September von 7.30–18.20 Uhr.
Einkehr/Unterkunft: Hotel-Restaurant Oeschinensee (1593 m), Berghaus am Oeschinensee (1593 m), Restaurant zur Sennhütte (1659 m); Blümlisalphütte (2834 m), bewirtschaftet Ende Juni bis Mitte Oktober, Tel. 033/676 14 37.
Tourist-Info: Kandersteg Tourismus, CH-3718 Kandersteg; Tel. +41(0)33/675 80 80, Fax 675 80 81, E. Mail info@kandersteg.ch, Internet www.kandersteg.ch.

Fels und Eis: die Blüemlisalp.

24 Lötschenpass – Hockenhorn, 3293 m

Etappen: Selden – Gfelalp – »Römerweg« – Lötschenpass – Hockenhorn

anspr.

18 km

9 1/4 Std.

↑ 1760 m
↓ 1760 m

Ausgangs-/Endpunkt: Selden (1537 m) im Gasterntal.
Kleine Variante: Selden – Lötschenpass und zurück, 6 Std.
Wanderkarten: Landeskarte der Schweiz 1:50 000, Blatt 264T »Jungfrau« mit Wanderwegeaufdruck; Landeskarte der Schweiz 1:25 000, Blatt 1268 »Lötschenpass«; Kümmerly+Frey 1:60 000 »Saanenland–Simmental–Frutigland«.
Markierung: Weiß-rot-weiß und weiß-blau-weiß (»Römerweg«), gelbe Wegzeiger; zum Hockenhorn Steinmännchen.
Verkehrsanbindung: Kandersteg ist Station der internationalen Bahnlinie Bern – Lötschberg – Simplon (BLS). Ins Gasterntal führt ein schmales Sträßchen, bis Selden 7 km. Verkehr zeitlich geregelt: Bergfahrt jeweils ab halb für 20 Minuten, Talfahrt während der ersten 20 Minuten jeder Stunde. Mautpflichtig; es verkehren Kleinbusse ab Kandersteg.
Einkehr/Unterkunft: Gfelalp (1847 m), geöffnet Mai bis Oktober. Lötschenpasshütte (2690 m), bewirtschaftet Mitte Juni bis Ende Oktober; Tel. 027/939 19 81.
Tourist-Info: Kandersteg Tourismus, CH-3718 Kandersteg; Tel. +41(0)33/675 80 80, Fax 675 80 81, E-Mail info@kandersteg.ch, Internet www.kandersteg.ch.

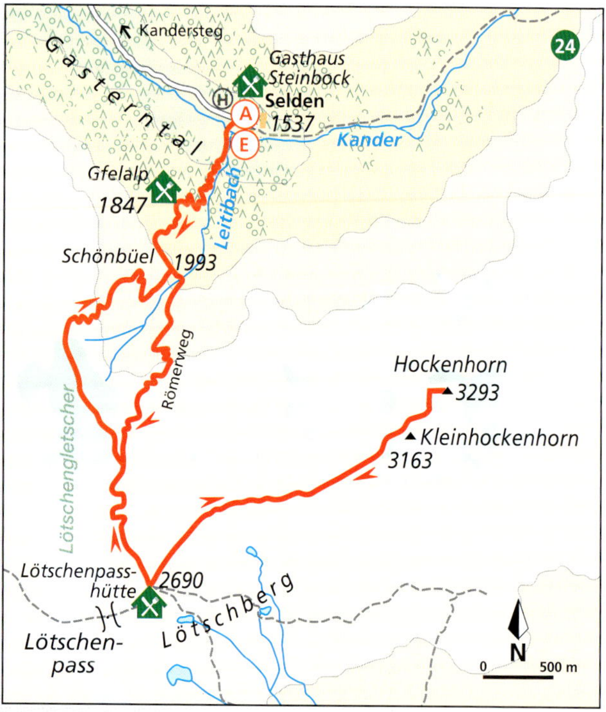

25 Gemmipass, 2322 m

Etappen: Kandersteg – Sunnbüel – Daubensee – Gemmipass

Schwierigkeit	leicht
km	21 km
Zeit	6 Std.
Höhenmeter	↑450 m ↓1190 m
Einkehr	ja

Ausgangspunkt: Bergstation der Sunnbüel-Seilbahn (1934 m).
Endpunkt: Eggeschwand, Talstation der Sunnbüel-Seilbahn (1194 m).
Kleine Variante: Talfahrt ab Sunnbüel mit der Bahn; Gehzeit dann etwa 4 ½ Std.
Wanderkarten: Landeskarte der Schweiz 1:50 000, Blatt 263T »Wildstrubel« mit Wanderwegeaufdruck; Kümmerly+Frey 1:60 000 »Saanenland–Simmental–Frutigland«.
Markierung: Weiß-rot-weiß, gelbe Wegzeiger.
Verkehrsanbindung: Kandersteg ist Station der internationalen Bahnlinie Bern – Lötschberg – Simplon (BLS). Die Seilbahn Kandersteg – Sunnbüel verkehrt im Juni 8.20–16.50 Uhr, Juli bis Mitte September 7.50–17.20 Uhr, Mitte September bis 20. Oktober 8.50–16.50 Uhr. Buszubringer vom Bahnhof Kandersteg.
Einkehr: Bergrestaurant Sunnbüel (1934 m) bei der Seilbahn.
Einkehr/Unterkunft: Berghotel Schwarenbach (2060 m), geöffnet Februar bis Ende Oktober; Berghotel Wildstrubel (2346 m), geöffnet Dezember bis Oktober.
Tourist-Info: Kandersteg Tourismus, CH-3718 Kandersteg; Tel. +41(0)33/675 80 80, Fax 675 80 81, E-Mail info@kandersteg.ch, Internet www.kandersteg.ch.

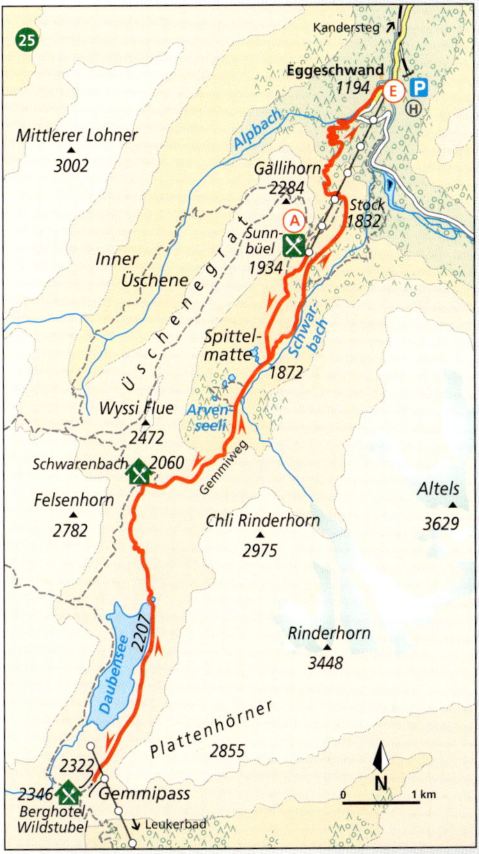

Wanderkompakt Berner Oberland
Bruckmann

26 First, 2548 m

Etappen: Kandersteg – Golitschehöri – Stand – First – Allmenalp – Kandersteg

anspr.
16 km
7 1/2 Std.
↑1440 m ↓1440 m

Ausgangs-/Endpunkt: Bahnhof Kandersteg (1176 m); hier auch großer Parkplatz.
Kleine Variante: Talfahrt von der Allmenalp nach Kandersteg mit der Seilbahn; Gesamtgehzeit dann 5 3/4 Std.
Wanderkarte: Landeskarte der Schweiz 1:50 000, Blatt 263T »Wildstrubel« mit Wanderwegeaufdruck; Landeskarte der Schweiz 1:25 000, Blatt 1247 »Adelboden«; Kümmerly+Frey 1:60 000 »Saanenland–Simmental–Frutigland«.
Markierung: Weiß-rot-weiß, gelbe Wegzeiger.
Verkehrsanbindung: Kandersteg ist Station der internationalen Bahnlinie Bern – Lötschberg – Simplon (BLS). Die Luftseilbahn Kandersteg – Allmenalp verkehrt Juni und September bis Mitte Oktober von 8.30–17 Uhr, im Hochsommer von 7.30–18 Uhr.
Einkehr: Restaurant Allmenalp (1770 m).
Tourist-Info: Kandersteg Tourismus, CH-3718 Kandersteg;
Tel. +41(0)33/675 80 80, Fax 675 80 81,
E-Mail info@kandersteg.ch,
Internet www.kandersteg.ch.

27 Albristhorn, 2763 m

Etappen: Tschentenalp – »Gsürweg« – Furggeli – Albristhorn – Laveygrat – Sillerenbühl

anspr.
13 km
6 1/4 Std.
↑940 m ↓910 m

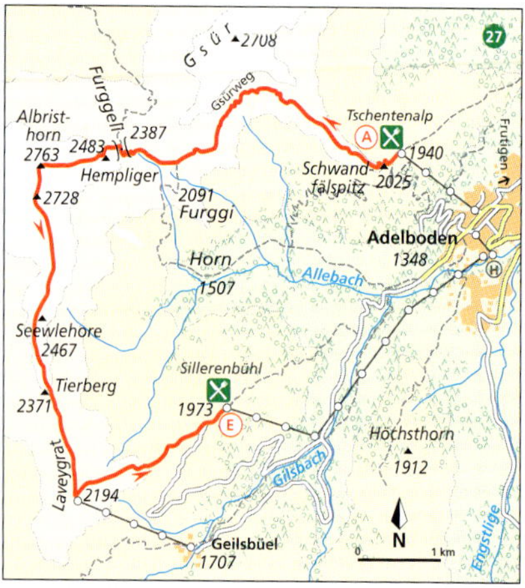

Ausgangspunkt: Bergstation der Gondelbahn Adelboden – Tschentenalp (1940 m).
Endpunkt: Liftstation Sillerenbühl (1973 m).
Kleine Variante: Von der Alp Furggi (2091 m) kann man auch via Hornbrügg nach Adelboden absteigen, insgesamt etwa 4 Std.
Wanderkarten: Landeskarte der Schweiz 1:25 000, Blatt 1247 »Adelboden«; Kümmerly+Frey 1:60 000 »Saanenland–Simmental–Frutigland«.
Markierung: »Gsürweg« weiß-blau-weiß, Aufstieg zum Furggeli, Tierberg – Laveygrat und Abstieg zum Sillerenbühl weiß-rot-weiß markiert.
Verkehrsanbindung: Linienbus Frutigen – Adelboden. Die Gondelbahn zur Tschentenalp (1940 m) verkehrt Anfang Juni bis Ende Oktober von 9–17 Uhr, die Gondelbahn Adelboden – Sillerenbühl von Mitte Juni bis Mitte Oktober 9–17 Uhr.
Einkehr/Unterkunft: Unterwegs keine; Restaurants an beiden Liftstationen.
Tourist-Info: Tourist Center, CH-3715 Adelboden;
Tel. +41(0)33/673 80 80, Fax 673 80 92,
E-Mail info@adelboden.ch,
Internet www.adelboden.ch.

28 Stockhorn, 2190 m

Etappen: Erlenbach – Chrindi – Stockhorn – Oberstockensee – Vorderstocken – Erlenbach

mittel

19 km

7 ¾ Std.

↑ 1630 m ↓ 1630 m

Ausgangs-/Endpunkt: Talstation der Stockhorn-Seilbahn (730 m) bei Erlenbach.
Kleine Varianten: Wer die Stockhorn-Seilbahn in die Planung einbezieht, kann die Tour verschieden variieren. Beliebt ist eine Besteigung des Gipfels ab Chrindi (1637 m), mit Abstieg wie beschrieben; Gesamtgehzeit 5 Std. Für die kleine Runde ab Seilbahnstation Chrindi zum Gipfel und zurück beträgt die Gehzeit etwa 2 ¾ Std.
Wanderkarten: Landeskarte der Schweiz 1:50 000, Blatt 253T »Gantrisch« mit Wanderwegeaufdruck. Kümmerly+Frey 1:60 000 »Saanenland–Simmental–Frutigland«.
Markierung: Weiß-rot-weiß, gelbe Wegzeiger.
Verkehrsanbindung: Erlenbach ist Station der Simmentalbahn Spiez – Zweisimmen – Lenk. Die Stockhorn-Seilbahn verkehrt vom 10. Juni bis Ende August 7.40–17.10, Anfang September bis Anfang November 8.10–17.25 Uhr.
Einkehr: Panoramarestaurant Stockhorn (2140 m), Bergwirtschaft Oberstocken (1787 m).
Tourist-Info: Verkehrsbüro, CH-3762 Erlenbach; Tel. +41(0)33/681 14 58.

29 Seebergsee – Scheidegg, 1991 m

Etappen: Schwenden – Stand – Seebergsee – Stiereberg – Gubi – Scheidegg – Würzi – Schwenden

mittel

20 km

7 Std.

↑ 1200 m ↓ 1200 m

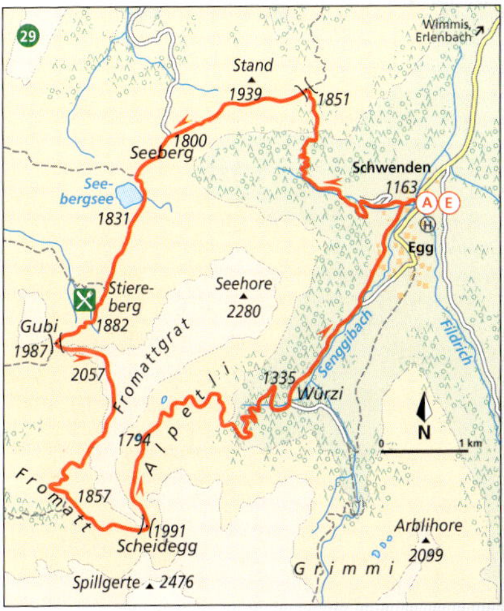

Ausgangs-/Endpunkt: Schwenden-Post (1163 m) im inneren Diemtigtal.
Kleine Variante: Über den Stand zum Seebergsee und auf dem gleichen Weg zurück, 5 ¼ Std.
Wanderkarten: Landeskarte der Schweiz 1:50 000, Blätter 253T »Gantrisch« und 263T »Wildstrubel« mit Wanderwegeaufdruck; Kümmerly+Frey 1:60 000 »Saanenland–Simmental–Frutigland«.
Markierung: Gelb, weiß-rot-weiß, gelbe Wegzeiger.
Verkehrsanbindung: Ins Diemtigtal führt von Oey (669 m) eine ordentliche Straße, 12 km bis Schwenden-Post. Auch Postbus.
Einkehr: Berggasthaus Stiereberg (1884 m).
Tourist-Info: Diemtigtal Tourismus; CH-3753 Oey; Tel. +41(0)33/681 26 06, Fax 681 29 08.

30 Der Simmentaler Hausweg

Etappen: Erlenbach – Weissenburgberg – Oberwil – Boltigen

leicht

21 km

5 1/2 Std.

↑530 m ↓430 m

ja

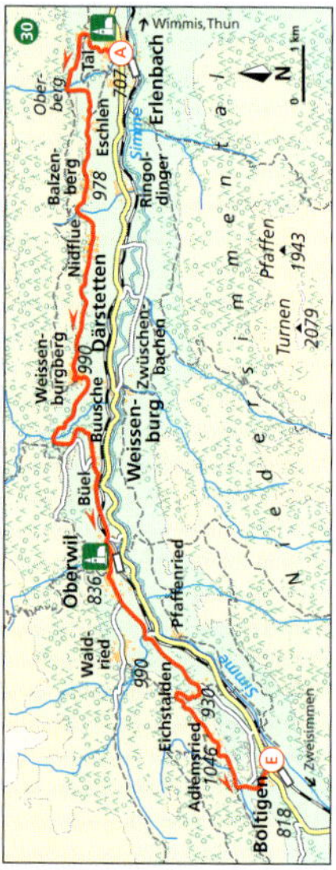

Ausgangspunkt: Erlenbach (707 m) im untersten Simmental.
Endpunkt: Boltigen (818 m).
Kleine Varianten: Es sind verschiedene Teilbegehungen, auch in Kombination mit dem »Talweg«, möglich. Der »Talweg« führt als Teil des Hausweges von Wimmis nach Weissenburg; Gehzeit 4 Std.
Wanderkarten: Landeskarte der Schweiz 1:50 000, Blatt 253T »Gantrisch« mit Wanderwegeaufdruck; Kümmerly+Frey 1:60 000 »Saanenland–Simmental–Frutigland«.
Markierung: Gelb, braune Wegzeiger. An allen Bahnhöfen gibt es ein Faltblatt zum »Simmentaler Hausweg«.
Verkehrsanbindung: Die Ortschaften liegen an der Bahnlinie Spiez – Zweisimmen – Gstaad.
Einkehr: In den Dörfern.
Tourist-Info: Verkehrsbüro, CH-3762 Erlenbach; Tel. +41(0)33/681 14 58.

31 Ammertenspitz, 2613 m

Etappen: Metsch – Bummerepass – »Aeugi-Lowa-Weg« – Ammertenspitz – Ammertentäli – Simmenfälle – Lenk

anspr.

17 km

7 1/4 Std.

↑1140 m ↓1540 m

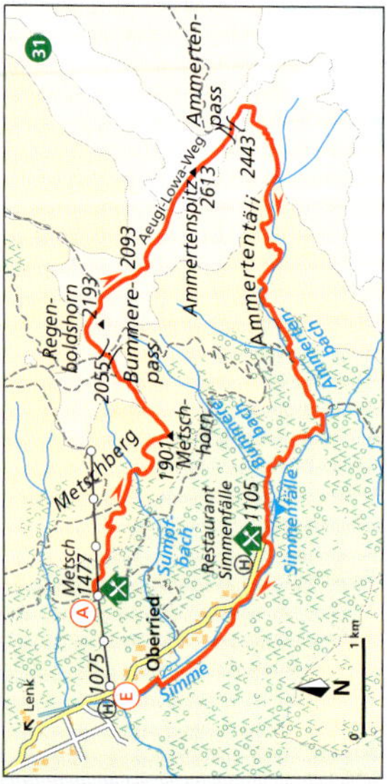

Ausgangspunkt: Seilbahnstation Metsch (1477 m).
Endpunkt: Talstation der Metsch-Seilbahn (1075 m) in Lenk-Oberried.
Wanderkarten: Landeskarte der Schweiz 1:50 000, Blatt 263T »Wildstrubel« mit Wanderwegeaufdruck; Kümmerly+Frey 1:60 000 »Saanenland–Simmental–Frutigland«.
Markierung: Weiß-rot-weiß und weiß-blau-weiß, gelbe Wegzeiger.
Verkehrsanbindung: Lenk (1068 m) im Obersimmental hat Bahnverbindung mit Zweisimmen – Spiez. Ein Postbus fährt zur Talstation der Metschbahn und weiter zu den Simmenfällen. Die Luftseilbahn Lenk – Metsch verkehrt von Ende Juni bis 20. September 8.30–12.30 und 13.30–17 Uhr.
Einkehr/Unterkunft: Berghaus Metsch (1480 m) bei der Seilbahnstation; Hotel-Restaurant Simmenfälle (1105 m).
Tourist-Info: Tourist Center, CH-3775 Lenk im Simmental; Tel. +41(0)33/733 31 31, Fax 733 20 27, E-Mail info@lenk.ch, Internet www.lenk.ch.

32 Tierbergsattel, 2654 m

Etappen: Iffigenalp – Rawilseeleni – Tierbergsattel – Flueseeli – Rezliberg – Ritzmad – Iffigenalp

anspr.

18 km

8 1/4 Std.

↑1600 m ↓1600 m

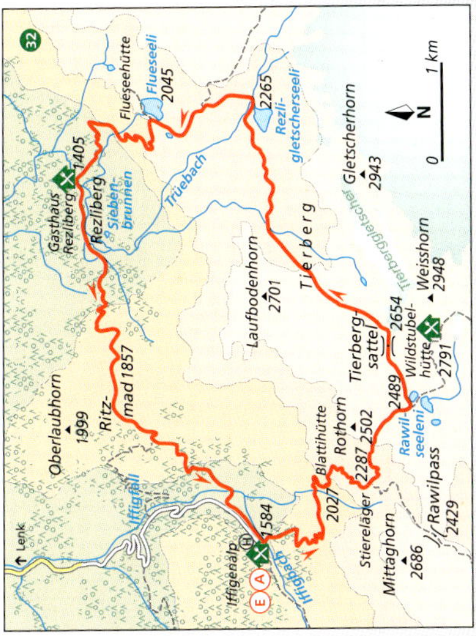

Ausgangs- und Endpunkt: Iffigenalp (1584 m).
Kleine Variante: Iffigenalp – Rawilpass (2429 m) und zurück, 5 Std.
Wanderkarten: Landeskarte der Schweiz 1:50 000, Blatt 263T »Wildstrubel« mit Wanderwegeaufdruck; Landeskarte der Schweiz 1:25 000, Blätter 1266 »Lenk« und 1267 »Gemmi«; Kümmerly+Frey 1:60 000 »Saanenland–Simmental–Frutigland«.
Markierung: Weiß-rot-weiß, gelbe Wegzeiger.
Verkehrsanbindung: Die Iffigenalp (1584 m) erreicht man von Lenk im Obersimmental über eine teilweise sehr schmale, nicht asphaltierte und steile Bergstraße, 8 km. Zeitlich geregelter Einbahnverkehr: Bergfahrt jeweils in der zweiten, Talfahrt während der vierten Viertelstunde.
Einkehr/Unterkunft: Berghaus Iffigenalp (1584 m), urig und gemütlich, etwas für Ruhe Suchende; Tel. 033/733 13 33. Gasthaus Rezlibergli (1405 m).
Unterkunft: Flueseehütte (2049 m) für Selbstversorger, stets offen.
Tourist-Info: Tourist Center, CH-3775 Lenk im Simmental; Tel. +41(0)33/733 31 31, Fax 733 20 27, E-Mail info@lenk.ch, Internet www.lenk.ch.

33 Hundsrügg, 2047 m – Rellerligrat

Etappen: Jaunpass – Hundsrügg – Bire – Rellerligrat

leicht

13 km

4 1/4 Std.

↑770 m ↓440 m

ja

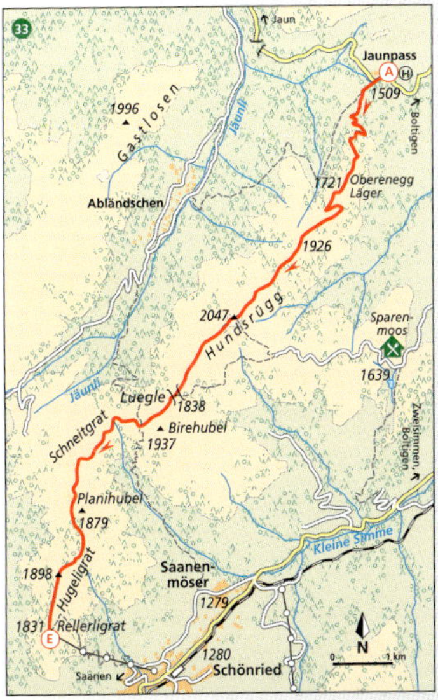

Ausgangspunkt: Jaunpass (1509 m), Übergang vom Simmental nach Bulle.
Endpunkt: Bergstation der Gondelbahn Schönried – Rellerligrat (1831 m).
Kleine Variante: Vom Hundsrügg hinunter nach Sparenmoos (1639 m); Gehzeit dann 3 Std.
Wanderkarten: Landeskarte der Schweiz 1:50 000, Blätter 253T »Gantrisch« und 263T »Wildstrubel« mit Wanderwegeaufdruck; Kümmerly+Frey 1:60 000 »Saanenland–Simmental–Frutigland«.
Markierung: Gelb und weiß-rot-weiß, gelbe Wegzeiger.
Verkehrsanbindung: Boltigen und Schönried liegen an der »Montreux–Oberland-Bahn« (MOB), über den Jaunpass fährt ein Postbus. Die Gondelbahn Schönried – Rellerligrat verkehrt Mitte Mai bis Ende Oktober von 9–17 Uhr. Im Tal bekommt man günstige Rundreisetickets.
Tourist-Info: Zweisimmen Tourismus, CH-3770 Zweisimmen;
Tel. +41(0)33/722 11 33, Fax 722 25 85,
E-Mail tourismus@zweisimmen.ch,
Internet www.zweisimmen.ch.

34 Chrine – Walliser Wispile, 1950 m

Etappen: Höhi Wispile – Chrine – Walliser Wispile – Burgfälle – Gsteig

leicht

14 km

4 Std.

↑260 m
↓980 m

ja

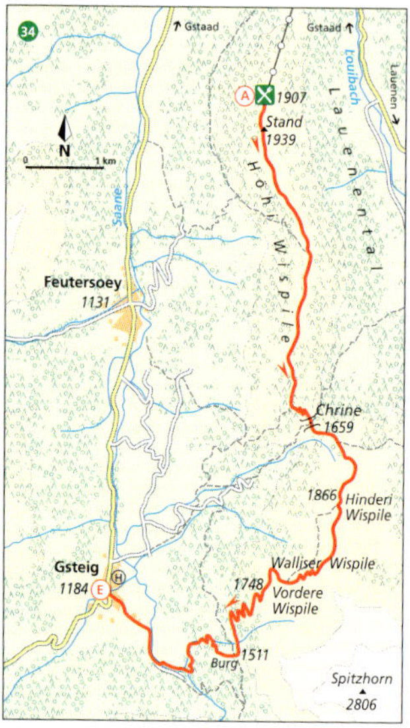

Ausgangspunkt: Bergstation der Wispile-Gondelbahn (1907 m).
Endpunkt: Gsteig (1184 m) an der Strecke Gstaad – Col du Pillon.
Kleine Variante: Von der Chrine kann man auf markierten Wegen wahlweise nach Gsteig bzw. Lauenen absteigen; Gehzeit dann etwa 2 ¾ Std.
Wanderkarten: Landeskarte der Schweiz 1:50 000, Blatt 263T »Wildstrubel« mit Wanderwegeaufdruck; Landeskarte der Schweiz 1:25 000, Blatt 1266 »Lenk«; Kümmerly+Frey 1:60 000 »Saanenland–Simmental–Frutigland«.
Markierung: Weiß-rot-weiß, gelbe Wegzeiger.
Verkehrsanbindung: Gstaad (1050 m) erreicht man von Spiez durch das Simmental sowohl per Bahn als auch über eine ordentlich ausgebaute Straße, 49 km. Die Gondelbahn zur Höhi Wispile (1907 m) verkehrt Juni bis Oktober von 9–17 Uhr. Von Gsteig fährt man mit dem Postbus zurück nach Gstaad.
Einkehr: Restaurant bei der Bergstation der Gondelbahn.
Tourist-Info: Gstaad Saanenland Tourismus, CH-3780 Gstaad; Tel. +41(0)33/748 81 81, Fax 748 81 83, E-Mail gst@gstaad.ch, Internet www.gstaad.ch.

35 Geltenhütte, 2006 m

Etappen: Lauenen – Lauenensee – Geltenschuss – Geltenhütte – Chüetungel – Launenen

anspr.

16 km

5 ½ Std.

↑800 m
↓800 m

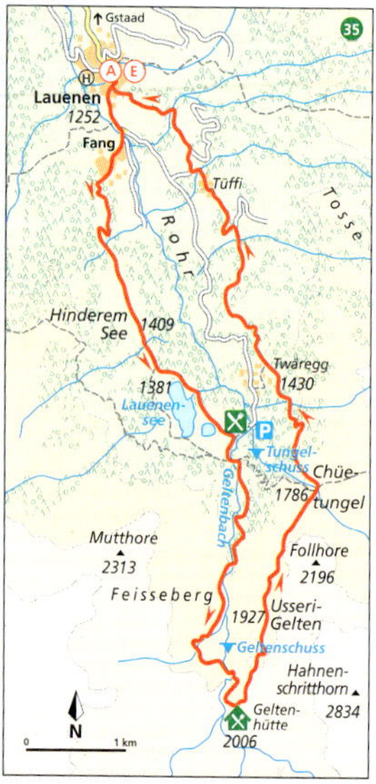

Ausgangs-/Endpunkt: Lauenen (1252 m).
Kleine Variante: Lauenen – Lauenensee – Twäregg – Bochte – Tüffi – Lauenen, 2 Std.
Wanderkarten: Landeskarte der Schweiz 1:50 000, Blatt 263T »Wildstrubel« mit Wanderwegeaufdruck; Landeskarte 1:25 000, Blatt 1266 »Lenk«; Kümmerly+Frey 1:60 000 »Saanenland–Simmental–Frutigland«.
Markierung: Gelb, weiß-rot-weiß, gelbe Wegzeiger.
Verkehrsanbindung: Zwischen Gstaad und Lauenen verkehrt ein Linienbus; Endstation Lauenensee.
Einkehr: Restaurant Lauenensee (1382 m); Geltenhütte (2006 m), bewirtschaftet Juli bis September; Tel. 033/765 32 20.
Tourist-Info: Gstaad Saanenland Tourismus, CH-3780 Gstaad; Tel. +41(0)33/748 81 81, Fax 748 81 83, E-Mail gst@gstaad.ch, Internet www.gstaad.ch.